KB025573

요니나의
**월급쟁이
재테크**

요니나의 월급쟁이 재테크

1쇄 발행 2020년 11월 2일
2쇄 발행 2022년 5월 20일

지은이 김나연
펴낸이 유해룡
펴낸곳 ㈜스마트북스
출판등록 2010년 3월 5일 | 제2021-000149호
주소 서울시 영등포구 영등포로5길 19, 동아프라임밸리 611호
편집전화 02)337-7800 | **영업전화** 02)337-7810 | **팩스** 02)337-7811
원고투고 www.smartbooks21.com/about/publication
홈페이지 www.smartbooks21.com

ISBN 979-11-90238-25-0 13320

요니나의
월급쟁이
재테크

김나연 지음

스마트북스

꿈을 펼칠 사회초년생, 그 꿈이 돈에 발목 잡히지 않도록

한창 꿈 많던 스무 살, 돈의 결핍을 제대로 경험한 사건이 있었어요. 친구들과 어딘가에 가기로 약속을 했는데, 그곳에 가려면 3만 원이 필요했어요. 당시 저는 돈을 잘 모으지 못해 용돈도 바닥이 난 상태라 돈이 없었고, 결국 좋아하는 친구들과 함께하지 못했어요. 그때는 친구들과 함께하는 게 저에게는 가장 큰 즐거움이었는데, 단돈 3만 원 때문에 그걸 못하게 된 거죠. 그때 집으로 혼자 돌아오면서 나이가 더 들고 어른이 되었을 때 지금과 비슷한 상황이 온다면 그때는 지금보다 더 힘들고 견딜 수 없겠다고 생각했어요. 그 기억이 지금도 선명합니다.

'돈'은 내가 하고 싶은 걸 할 수 있게 해주는 가장 직접적이고 현실적인 도구예요. 무언가를 하기 위해 시간을 내는 건 마음만 먹으면 가능하지만, 돈이 없으면 어떻게 할 도리가 없죠. 그날 이후 저는 돈 때문에 나의 꿈과 즐거움이 또 다시 주저앉지 않게 해야겠다고 결심했고, 저만의 원칙과 방법을 만들어 차근차근 재테크를 해왔습니다. 그렇게 해온 저의 재테크 방법을 책으로 묶었어요. 저와 비슷한 나이대인 2030 사회초년생들과 이제 막 돈, 재테크에 관심을 갖기 시작하신 분들이 저와 같은 경험을 하지 않으셨으면 하는 바람입니다.

사실 처음 하는 재테크는 특별히 대단한 건 없어요. 돈을 불리기보다는 돈을 모으는 것과 돈 습관을 올바르게 바로잡는 것에 더 집중돼 있습니다. 그래서 누구나 다 아는 뻔한 이야기라고 할 수도 있어요. 하지만 해본 분들은 아시겠지만, 푼돈 모아 목돈을 만들고 매일 가계부를 쓰고 소중한 내 월급을 알뜰살뜰 관리하는 '습관'을 만드는 건 정말 쉽지 않은 일이에요. 돈 공부를 계속하면서 블로그와 카페, 유튜브 등을 함께 운영하고 있는데, 그곳에서 만난 수많은 분들이 가장 어려워하는 것도 바로 돈 습관을 만드는 거예요. 특히 이제 막 사회생활을 시작해서 고정 수입이 생긴 분들이 겪는 시행착오와 고충은 너무 안타까워요. 저 역시 비슷한 경험을 했기 때문에, 그분들이 겪는 시행착오를 최대한 줄일 수 있는 방법을 알려드리고 싶었어요. 그 방법들을 제 경험에 빗대어 최대한 쉽게 담았습니다.

많은 사람들을 만나면서 느낀 건 하루라도 빨리 재테크에 관심을 가져서 본인에게 맞는 경제·금융 습관을 기르고 꾸준히 가계부를 작성하면서 돈을 모으는 사람과 그렇지 않은 사람은 확연하게 다르다는 겁니다. 물론 지금 시작해도 늦지 않아요. 단, 저와 하나만 약속해주세요. 급한 마음에 잘 모르는 금융 상품에 가입부터 하지 말고, 돈을 모으는 '목표'와 거기에 맞는 '계획'을 먼저 세우고 가계부를 쓰면서 현재 재정 상태를 파악하는 시간을 먼저 가져봐요. 반드시 종이에 쓰고 읽어보면서 자신의 꿈과 목표를 구체화시켜보세요. 이게 제가 생각하는 재테크의 가장 중요한 첫 단계입니다.

우리는 정말 많은 것을 하고, 갖고, 사고 싶죠. 꿈도 많습니다. 혹시 여러분이 절실하게 이루고 싶은 꿈이 돈의 제약을 받은 적이 있나요? 그런 경험이 있다면 이번 기회에 경제적 자유를 얻기 위한 준비를 해보는 건 어떨까요? '언젠가는 하겠지'라는 생각으로 미루면 언젠가는 정말 늦었다고 생각하는 순간이 올지도 몰라요. 이제 '언젠가는'이라는 단어를 떼어내고 당장 움직여보세요.

재테크는 모른다고 무관심해서는 안 돼요. 그렇다고 겁먹을 필요도 없어요. 그저 평생을 함께하는 친구 같은 존재라고 생각하면 조금 쉽고 편해져요. 그 친구와 하루라도 빨리 친해지는 데 이 책이 도움이 되었으면 합니다.

2020년 11월

여러분의 꿈을 응원하며

김나연

PART 3

재테크 시작 전 반드시 알아야 할 은행 상식

PART
4

**통장 활용의
모든 것**

**PART
5**

제대로 쓰면
돈 버는
카드 사용법

PART
6

첫 출근날부터
만드는
부자 습관

PART 1

첫 월급부터 재테크를 해야 하는 이유

재테크 습관도 첫 단추를 잘 꿰는 게 중요합니다. 사회초년생이 됐으니 이제부터는 주체성을 가지고 적극적으로 재테크를 해야 합니다. 하루라도 빨리 인생의 재무 설계를 세우고, 똑똑한 재테크 습관을 길러보세요.

①
도대체 '재테크'가
뭐길래?

사회초년생이 되면서 돈 관리에 관심이 생겨 인터넷에 '재테크', '재무 설계', '돈 관리하는 방법' 등을 검색해본 적 있으신가요? 이 세 가지 키워드는 서로 연관되어 있지만 의미는 조금씩 다릅니다. 현재 가지고 있는 돈을 효율적으로 쓰고 모으는 습관을 만드는 과정을 흔히 돈 관리라고 합니다. 돈 관리를 통해 모은 목돈을 효율적으로 운용하여 최대 이익을 만들어내는 걸 재테크라 하고요. 이런 재테크 과정을 꾸준히 반복하며 20대를 지나 30~40대, 장기적인 관점에서 노후까지 생애 주기에 맞는 소비, 저축 및 투자 계획을 세우는 것은 재무 설계입니다.

우리가 흔히 알고 있는 '재테크'는 돈이 어느 정도 있는, 즉 시드머니가 있는 상태에서 수익을 올리는 걸 말하지만, 이 책에서는 '돈 관리하는 방법'을 재테크라 표현하겠습니다.

재테크를 제대로 하려면 사실 재무 설계를 가장 먼저 해야 합니다. 현재 적금이나 예금을 넣는 것도 훗날 결혼 자금, 자녀 양육비, 노후 자금을 위해서 모으는 거라 재테크보다 재무 설계라는 단어를 써야 더 정확해요. 물론 아직 사회생활을 제대로 시작하지 않았거나, 고정 수입이 없거나, 이제 첫 월급을 받은 상태라면 재무 설계라는 말 자체가 부담스럽게 느껴질 수 있습니다. 저도 처음에는 그랬고요. 그렇지만 재무 설계는 장기적으로 성공적인 재테크를 하기 위해 반드시 거쳐야 하는 단계입니다. 목적에 맞는 재무 설계를 해야 그걸 기반으로 단계별 재테크 목표를 명확하게 세울 수 있기 때문이죠.

이렇게 중요한 재무 설계가 사람들에게 부정적으로 받아들여지는 이유는 온·오프라인에서 쉽게 볼 수 있는 공격적인 마케팅 때문이기도 합니다. 재테크 관련 정보를 한참 읽다가 끝에 무료 재무 설계를 유도하는 걸 보고 '에이, 뭐야! 광고네' 하며 꺼버린 경험이 있을 거예요. 그러고 나면 그 글이 아무리 주옥같아도 남는 건 마지막에 본 무료 재무 설계 광고뿐이더라고요.

"세상에 공짜 점심은 없다"라는 말이 있죠. 무료 재무 설계 서비스를 무작정 믿으면 득실도 따져보지 않고 그들이 권하는 상품에 가입할 가능성이 높습니다. 재무 설계 상담에 대한 수수료는 추천받은 상품의 사업비에 포함되어 있다는 사실을 기억하세요. 무료라는 말에 혹해서 실제로 더 큰 수수료를 지불하게 될 수도 있습니다. 시간도 돈인데 그들이 적지 않은 시간을 투자하여 무료 재무 설계를 해주는 이유는 상품을 판매하려는 목적이 크다는 것을 잊지 말아야 합니다. 누군가가 좋다고 하면 금방 혹하는, 아직까지 상대적으로 재테크 지식과 경험이 적은 2030 사회초년생들에게 특히 쉽게 먹히는 상술이죠. 그렇다고 무료 재무 설계가 무조건 나쁘다는 건 아니에요. 다만 냉정하게 생각해 보자는 거죠.

작심삼일 재테크는
이제 그만

———————————— 돈을 모아야겠다고 다짐하면 나름대로 재테크 정보를 찾아보고 금융 상품에도 가입하게 됩니다. 하지만 대부분 얼마 못 가 열정이 식어버리죠. 재테크라는 것을 시작했으니 즉각적으로 통장에 저축액과 이자가 늘어나고 지갑에도 남는 돈이 좀 있어야 재미있을 텐데, 야속하게도 재테크는 어느 정도 종잣돈이 모인 후에야 잔고가 조금씩 늘어나는 걸 실감할 수 있고, 그 시기 역시 개개인마다 다르기 때문에 작심삼일 재테크가 빈번합니다.

숫자가 늘어나는 것이 보이지 않는 그 기간을 참지 못하고 '인생 뭐 있어! 돈은 쓰라고 있는 거 아니겠어'라며 한 푼 두 푼 힘들게 모은 돈을 순식간에 써버리는 거죠. 그리고 텅텅 빈 통장을 보며 후회하고 다시 돈을 모으겠다고 스스로에게 다짐합니다. 이런 상황이 계속 반복되다 보니 몇 년 동안 재테크를 해도 결과는 제자리입니다.

재테크는 독서와 같습니다. 책을 한 권, 두 권 읽을 때는 인생에 큰 변화가 없습니다. 하지만 꾸준히 계속 읽으면 생각하는 방식이 달라지고 자신도 모르는 사이에 지식과 지혜가 쌓여 빛을 발하는 시기가 찾아옵니다. 재테크도 마찬가지입니다. 중간에 슬럼프도 있겠지만, 그 시기를 잘 넘기면 더 나은 안목이 생긴다는 것도 재테크와 독서의 같은 점입니다. 특히 재테크는 슬럼프를 어떻게 넘기느냐에 따라 이후 돈 모이는 속도에서 큰 차이가 납니다.

이제 재테크 능력도 나만의 무기라고 생각하세요. 하루에 한 번, 짧게라도 좋으니 관련 정보를 확인하면서 재테크 습관을 일상으로 받아들이는 거죠. 경제 기사를 읽거나 갖고 있는 통장의 잔액을 확인하거나 가계부를 정리하는 등 작은 것이라도 항상 관심을 갖는 것이 중요합니다. 재테크 책을 볼 때만 의욕이 불끈 솟는다고요? 1년이 부담스럽다면 3일 단위로 매번 도전하는 것도 좋습니다. 작심삼일도 120번 하면 1년이잖아요. 이 과정에 익숙해지면 기간을 조금씩 늘려 내 것으로 만들어보세요. 그 이후는 남의 충고가 없더라도 종잣돈 굴릴 생각에 들떠 있을 거예요.

재테크 Q&A

"저축과 투자는 다른가요?"

A. 네, 많은 분들이 투자를 저축이라고 생각하는데, 둘은 전혀 다른 의미입니다! 저축은 원금 보장을 기본으로 하여 추가로 약간의 이자를 받는 재테크의 출발점이라고 할 수 있어요. 예를 들면, 예·적금, 주택청약저축 등이 저축 금융 상품입니다. 그러므로 예·적금 상품으로 '투자'한다는 말은 맞지 않아요. 특히 저금리 현상이 지속될 때는 큰 수익을 바라기보다 향후 투자를 위한 종잣돈 마련 단계로 생각하면 됩니다.

반면, 투자 상품들은 안정성이 부각되는 저축과 달리 원금 보장이 안 될 수 있습니다. 대신 높은 수익을 얻을 수도 있죠. 대표 상품으로는 주식, 펀드, 채권 등이 있어요. 투자는 이익과 손실 가능성이 공존하기 때문에 신중하게 접근해야 합니다. 그래서 잃어도 생활에 직접적인 지장이 없을 정도의 여유 자금으로 하는 것을 권하기도 합니다. 간혹 모아둔 돈 없이, 또는 저축과 병행하지 않고 투자에만 올인했다가 위기에 처하는 사람들도 있기 때문이죠. 적금 투자, 주식 저축이라는 말을 들어본 적 없는 것처럼, 저축과 투자는 반드시 구분해서 이해해야 합니다.

② 재테크 꼭 해야 되나요?

어릴 때 재테크에 무관심한 이유는 여러 가지가 있지만 일단 일정한 소득이 없으니 딱히 관리할 만한 돈이 없다고 생각하고, 아직은 젊으니까 돈 모을 시간이 앞으로 충분하다고 생각하는 경우도 많은 것 같아요. 하지만 30대 이후에는 20대때보다 소득은 높아져도, 그만큼 나가는 비용이 다양해지면서 지출도 늘어나기 때문에 여전히 돈 모으기가 쉽지 않습니다. 그리고 기대 수명도 지속적으로 높아져서 재테크는 물론이고, 노후 준비도 빠르면 빠를수록 좋습니다. 나중에 돈 때문에 쩔쩔매기 싫다면 해결 방법은 단 하나, 지금부터 재테크를 시작하는 겁니다.

재테크를
처음 시작한다면

──────────── 학창 시절 때는 대개 열심히 공부해서 좋은 직장에 들어가는 것이 가장 큰 목표죠. 그래서 재테크는 직장인이 된 후에 해도 괜찮다는 분위기가 강하고요. 이렇게 아무런 금융 지식도 없는 상태에서 재테크를 해야겠다는 생각이 들어 처음 금융 회사와 마주하면 일단은 그들이 추천해주는 사회초년생 상품들을 이것저것 가입하고 봅니다.

하지만 몇 개월 또는 몇 년 뒤면 꾸준히 납입했던 상품들이 하나둘 본인에게 맞지 않음을 알게 되죠. 예를 들면, 저축인 줄 알고 가입했는데, 알고 보니 10년 저축성 보험이라 중도 해지를 하면 원금 손실이 발생하는 것들입니다. 만약 상품에 가입하기 전에 조금이라도 관심을 가졌다면 이런 어처구니없는 일은 피할 수 있었을 거예요. 이런 일들이 안타까운 이유는 우리가 열심히 번 돈을 지키기는커녕 너무나도 쉽게 잃어버리기 때문이죠.

재테크는 무엇보다 기본에 충실해야 합니다. 재테크 관련 사이트를 보면 하루에도 몇 건씩 본인의 수입과 지출 현황을 오픈하고 어떤 재테크를 해야 하는지 조언을 구하는 글이 올라옵니다. 또는 제대로 알지 못하는 상품에 가입하고 난 후 이 상품이 어떤지 묻기도 합니다. 많은 사람들이 재테크를 해보고 싶고, 실제로 조금씩 하고 있긴 한데 제대로 하는 법을 모른다는 걸 보여주는 대목이죠.

"급할수록 돌아가라"라는 말이 있습니다. 무언가에 관심이 확 생졌다고 그날 모두 끝을 보겠다는 태도는 재테크를 할 때 위험해요. 그 랬다간 오히려 금방 질리고 다급한 마음에 실수까지 해버려 한동안 손을 놔버리기 쉽습니다. 재테크는 평생 해야 하는 것이기에 접근 방식을 달리할 필요가 있어요. 돈 모으는 방법은 생각보다 굉장히 단순합니다. '시간, 노력, 끈기, 관심'만 있다면 여러분도 목표하는 돈을 모을 수 있습니다.

현실적이고
구체적인 목표가 중요

———————————— 제 블로그나 카페에 글을 남기거나 강연, 스터디에 참여하는 분들의 이야기를 종합해보면 처음 재테크를 시작하는 경로를 크게 세 가지로 나눠볼 수 있습니다.

주위에서 하나둘 재테크를 하고 있다는 얘기를 들으니 조급한 마음에 무작정 재테크 세계로 들어온 일단 저지르고 보는 유형, 금융 회사에서 추천한 카드 발급 후 인터넷으로 관련 혜택을 알아본 것을 시작으로 재테크에 관심이 생긴 유형, 흥청망청 쓰다 어느 날 문득 이렇게 살면 안 될 것 같다는 생각에 저축 상품을 검색하다 재테크에 관심을 갖게 된 유형, 대략 이렇게 나눌 수 있습니다.

돈을 모으겠다고 다짐했다면 무작정 통장을 만들고 카드를 신청할 것이 아니라 먼저 빈 종이를 펼쳐놓고 지금 내가 돈을 아껴가며 저축해야 하는 '이유'를 적어보세요. 갖고 싶은 옷과 가방을 포기하고 외

식비를 줄여가며 돈을 모아야 하는 이유, 재테크를 위해 잠시 포기해야 하는 것들로부터 얻을 수 있는 기회비용을 곰곰이 따져보자는 거죠.

저는 처음에 장기적인 관점에서 '나는 20대 또는 30대가 끝나는 12월 31일에 ㅁㅁ을 할 것이다'를 기준으로 세운 후, 시기별로 구체적인 목표를 설정했습니다. 장기 목표를 세운 다음 역산 스케줄링을 하며 이 목표를 이루기 위해서 오늘의 나는 어떻게 살아야 하는지를 생각해봤어요.

예를 들어, 서른 살에 1천만 원을 가지고 유럽 여행을 하겠다는 목표를 세웠는데 현재 흥청망청 돈을 쓰고 있다면 꿈을 이룰 가능성은 점점 낮아지겠죠? 마냥 먼 미래만 보지 말고 현재 나의 상황에도 집중해야 합니다. 또한 각 기간마다 이루고 싶은 목표가 구체적일수록 달성하기 쉽습니다. 그 이후 목표를 꾸준히 수정해나가면 재무 설계도 스스로 해볼 수 있어요. '30대 전에 1천만 원 만들기', '월 100만 원 저금하기' 같은 식으로 목표를 세운다면, 그 목표를 달성한 것에 대한 성취감은 있지만 돈을 모아 어떻게 사용할지에 대한 구체적인 계획이 없기 때문에 허무하고 공허한 감정이 생길 수 있습니다.

제가 처음 돈 모으기를 시작했을 때 목표가 '대학 졸업할 때까지 1천만 원 만들기'였습니다. 나름대로 열심히 모아 계획보다 일찍 1천만 원이 제 손에 쥐어졌지만 기쁨보다는 좀 허무한 느낌이 들었습니다. 왜냐하면 이 돈을 모은 것이 제게 어떤 의미가 있을지 생각해보지 않았고, 그다음 목표가 명확하게 없었기 때문이죠. 그저 돈을 모으기 위해서 돈을 모은 거죠.

　이후 6개월 정도 슬럼프를 겪은 다음 저는 단기·중기·장기 목표를 구체적으로 세웠고, 돈 모으는 것에 의미를 부여하기 시작했습니다. 야구를 좋아하는 저는 우선 '야구장 레드 연간 회원권 구매'를 목표로 세우고 1년 동안 돈을 모으기 시작했습니다. 그런데 막상 만기가 다가오고 모아둔 돈을 보니 쉽게 회원권을 구매할 수 없었습니다. '지금 당장 필요한가? 이번 시즌에는 경기장 자주 가기도 힘들 텐데 괜한 사치가 아닐까?'라는 생각이 머릿속에서 맴돌았어요. 고민 끝에 목표를 한 단계 올려 제2의 목돈 굴리기를 시작했습니다. 이번에는 레드 회원권보다 높은 단계인 블루 연간 회원권으로 목표를 새롭게 잡아 1년 예금 상품에 재예치할 계획을 세웠죠. 이렇게 명확한 목표가 필요합니다.

　먼저 돈을 모으고 난 후에 돈의 쓰임을 생각해도 늦지 않다고 하는 분들도 있는데, 그렇게 하면 돈을 모으는 과정에서 지칠 확률이 훨씬 더 높아집니다. 거창하지 않아도 좋으니 목표는 반드시 필요해요. 구체적인 목표를 세우면 금융 상품을 고를 때에도 "3년 월 복리 적금이 좋다", "10년 비과세 상품이 좋다", "저축성 보험이 좋다" 주변의 이런 말들에 쉽게 흔들리지 않고 나에게 필요한 상품만 가입하고 유지할 수 있는 자신감이 생깁니다.

　재테크는 마라톤 같은 장기 레이스입니다. 그동안 무늬만 재테크를 해왔는지, 아니면 정말 꼼꼼하게 성실히 했는지는 결승 지점에 근접한 중년이나 노후에 알 수 있습니다. 바꿔 말해 흐지부지하게 돈 관리를 해도 당장은 티가 나지 않습니다. 하지만 계획 없이 시간을 보내다 보면 점점 구멍이 커지고, 뒤늦게 구멍을 발견하고 후회해도 채울 길이 없습니다. 지나간 시간을 되돌릴 수 없기에 나보다 앞서 나간 그들을 따라가려면 예전보다 훨씬 더 허리띠를 졸라 매고 많은 노력을 해야 하죠. 이런 사태를 미리 방지하기 위해 이제 막 돈을 벌기 시작한 사회 초년생 때부터 재테크를 시작해야 해요.

처음 목표 세울 때는 막막하고 어렵게 느껴질 수 있습니다. 저도 그랬으니까요. 그럴 때는 혼자 하기보다 재테크에 관심 있는 사람들끼리 모여 함께 계획을 세우고 이야기도 나눠보며 서로 꿈을 공유해보세요. 그들의 목표 중에 괜찮은 건 내 목표에 추가하면서 나만의 나침반을 만들어도 좋아요.

부자는 성실하고
부지런하다

당연한 이야기지만 재테크도 부지런한 사람이 성공합니다. 재테크의 꽃인 복리 효과를 제대로 누리려면 시간 투자는 필수입니다. 아무리 뒤늦게 이것저것 해봐도 미리 기반을 다져놓은 사람과는 상대가 안 될 정도로 격차가 벌어지는 것도 시간 때문이죠. 제 주변에는 금융 회사에 가는 것도 번거로워하는 사람들이 의외로 많습니다.

그 은행은 좀 멀어서 나중에 시간 되면 가보려고.

귀찮아서 오늘 못 갔네.

점심시간에는 밥 먹고 쉬어야 해서 가기 힘들어.

이렇게 변명만 하는 사람이 "왜 돈이 안 모이는 걸까" 하며 신세 한탄을 해요. 통장에 잔고가 없다는 말을 입에 달고 산다면, 지금 당장 은행부터 가세요. 그리고 무엇이든 재테크를 시작하세요. 속는 셈치고 먼저 자신이 이루고 싶은 재테크 목표부터 세워보세요. 목표를 세우기 전과 후의 재테크 방향이 확연하게 차이 나는 게 느껴질 거예요.

돈은 목표를 이루기 위한 수단일 뿐입니다. 돈 자체가 목표가 되면 돈의 노예로 전락할 가능성이 커져요. 돈의 노예가 되지 않기 위해서는 무엇보다 명확하고 올바른 목표를 세우는 것이 중요합니다.

경제적으로
독립하기

여태껏 직접 돈 관리를 해본 적이 한 번도 없다고요? 언젠가는 우리 모두 돈에 관하여 진지하게 고민할 날이 옵니다. 직장인이 되었지만 월급을 받은 지 얼마 되지 않았다는 핑계를 대며 부모님에게 의지하려는 사람들이 많아요. 아니면 부모님이 먼저 돈 관리를 해주시겠다고 하는 경우도 있고요. 회사를 다니면서도 용돈 받는 생활이 편해 번 돈을 부모님에게 모두 드리는 경우도 제법 많습니다. 하지만 사회생활을 시작했다면 앞날을 위해 부모님으로부터 재테크 독립을 반드시 해야 한다고 생각합니다.

여러분은 돈 관리를 어떻게 하고 있나요? 어릴 때부터 돈맛을 알면 안 된다는 어른들의 우려 때문이었을까요. 집이나 학교에서 금융에 대해 제대로 배운 기억은 없습니다. 그래서인지 재테크 경험이 좀 더 있는 부모님에게 돈 관리를 의존하는 경우가 많은 걸 테고요.

저는 중학교 1학년 때 부모님을 따라 처음 은행에 가서 명절날 받은 용돈을 저금했습니다. 대학에 들어와서 첫 적금을 들 때도 부모님과 함께 은행에 가서 직원에게 금융 상품에 대한 설명을 직접 듣고 결정했어요. 부모님은 보호자 역할만 하셨을 뿐 제 선택을 온전히 존중해주셨습니다. 그때 부모님이 어떤 상품에 가입할지를 다 정해주셨다면 혼자 돈 관리하겠다는 결심은 한참 더 후에나 가능했을지도 몰라요.

또한 저희 부모님은 제가 직접 번 돈이나 쓰고 남은 용돈 등에는 간섭하지 않으셨어요. 반대로 용돈을 다 써버려서 돈이 부족할 때도 추가로 돈을 주지 않으셨습니다. 사고 싶은 물건이 있어도 명확한 이유가 필요했고요. 그리고 돈이 많이 들어가는 무언가를 사고자 하면 그 가격의 몇 % 정도의 돈은 스스로 모아볼 것을 권하기도 하셨습니다. 이렇게 비교적 어릴 때부터 부모님께 경제 금융 교육을 받았던 것이 지금과 같은 소비, 저축 습관이 자리 잡은 계기가 된 것 같아요.

반대로 재테크가 어렵고 복잡해서 '부모님이 나보다는 더 많이 아시겠지'라는 생각으로 자기가 자발적으로 부모님에게 맡기는 경우도 있습니다. 하지만 언제까지 부모님에게 돈 관리를 맡기고 편히 용돈 받으면서 생활할 수 있을까요?

부모님이 돈을 모으시던 예전과 현재의 재테크 환경은 많이 바뀌었고, 지금 이 시간에도 계속 변하고 있습니다. 이런 상황에서는 무엇보다 재테크 정보에 좀 더 민감해야 하고, 그러려면 우리가 스스로 공부하면서 개척해나가야 한다고 생각해요. 혼자 하는 게 아직 불안하다면 부모님에게 그냥 맡기기보다는 스스로 정보를 찾아본 다음 조언을 구해보세요. 흔히 젊었을 때 이것저것 도전해보라고 하는데, 재테크를 할 때도 여러 금융 회사의 상품을 직접 접해보며 시도해봐야 안목이 높아집니다.

부모님과 함께 살 때는 재테크의 중요성을 크게 깨닫지 못합니다. 그렇지만 재테크에 대한 준비가 전혀 되어 있지 않은 채 어느 날 갑자기 혼자 모든 것을 결정해야 하는 때가 오면 그제야 지난 날을 후회하게 되죠. 내 돈을 끝까지 책임져야 하는 사람은 부모님이 아니라 나 자신입니다. 돈의 규모가 작을 때부터 직접 재테크를 해야 돈의 흐름을 알 수 있고, 더불어 돈을 잘 모으는 법과 잘 쓰는 법을 익힐 수 있습니다.

재테크 Q&A

"재테크를 하려면 적금부터 들어야 할까요?"

A. 아니오! 재테크를 막 시작하는 분들이 가장 많이 하는 실수가 바로 이겁니다. 재테크 세계로 처음 들어오면 본인의 수입·지출조차 명확하게 모른 채 무조건 남들이 갖고 있거나 금융 회사에서 권하는 통장과 카드부터 만드는 경우가 많습니다. 기본적인 문제는 파악하지 않고 일단 눈에 보이는 것부터 채워 넣으려 하죠. 피부에 트러블이 생겼을 때 제대로 된 세안이나 원인 파악 없이 트러블용 화장품만 사서 바른다고 피부가 좋아질 리 없죠. 재테크도 같습니다. 금융 상품 가입에 앞서 자신을 돌아볼 필요가 있답니다.

휴대폰 2년 약정도 지겨워서 못 버티면서 금리가 높다는 말에 덜컥 3년짜리 적금에 가입하지 않았나요? 굳이 소액으로 3년 동안 저축 습관을 만들지 않아도 됩니다. 오히려 상품에 가입만 하고 돈을 안 넣거나 중도해지를 하면 재테크에 대한 흥미와 관심이 줄어들 가능성만 커집니다. 3년보다는 1년씩 세 번으로 짧게 끊어서 관리하면 저축 습관과 종잣돈 마련이라는 두 마리 토끼를 잡을 확률이 훨씬 더 높아집니다.

PART 2

재테크는
처음이라

돈 관리를 제대로 하려면 돈 습관을 바로 잡아야 합니다. 수입·지출 계획을 잡아줄 가계부 쓰기와 푼돈, 공돈이 줄줄 새지 않도록 막는 습관만으로도 재테크를 할 준비 자세가 된 겁니다.

1

재테크의 주인은
바로 나

재테크를 해야 하는 이유는 대충 알겠는데, 그럼 이제 어디서부터 어떻게 시작할지 고민하게 됩니다. 우리가 금융 상품을 접하는 경로는 지인 추천, 인터넷 검색, 언론 보도, 금융 회사 직원의 권유, 이렇게 네 가지로 나눠볼 수 있습니다. 여러 경로를 통해서 끊임없이 많은 정보가 쏟아지다 보니 좋은 정보 찾기가 갈수록 어려운 게 현실입니다. 그럴 때일수록 냉정하고 객관적으로 판단해야 합니다.

금융 상품
추천 경로

지인 추천

금융 상품에 대해 아무 정보가 없을 때는 보통 주변 사람에게 어떤 통장과 카드를 사용하는지 슬쩍 묻거나 추천을 받아 가입합니다. 온라인 정보보다는 내가 아는 지인들이 써본 금융 상품에 가입하는 것이 실패 확률이 적다고 생각하니까요. 하지만 모든 사람에게 좋은 금융 상품도 내 상황에는 안 맞을 수 있습니다.

예를 들어, 교통비 지출이 상대적으로 많은 사람은 대중교통 관련 혜택이 대표적인 카드를 사용하겠지만, 나는 평소 교통비가 월 1~2만 원밖에 나오지 않는다면 대표 혜택이 교통비 할인인 카드는 그다지 필요 없는 거죠.

인터넷 검색

정보가 보다 더 풍부한 인터넷은 어떨까요? 포털 사이트 검색창에 '20대 카드', '직장인 추천 카드'라고 입력만 해도 각양각색의 카드 정보를 쉽게 찾을 수 있습니다. '30% 할인 혜택', '10% 환급' 등 상품 장점 위주로 나열한 내용이 많아 직접 사용해본 경험담보다는 그냥 해당 카드 홈페이지 상품 설명서를 옮겨놓은 느낌을 받기도 해요.

또한 상품을 선택할 때 가장 중요하게 다뤄야 하는 혜택 자격 조건 전월 실적, 통합 할인 한도, 최소 결제 금액 등은 언급되지 않거나 간략하게 적혀 있는 경우가 많죠. 그래서 그런 글만 보고 섣불리 가입했다가 본인에게 안 맞는 금융 상품임을 뒤늦게 깨닫는 경우가 비일비재합니다. 그리고 요즘에는 광고성 글도 너무 많아서 간혹 글 작성자가 해당 금융 회사 서포터즈이거나 광고, 협찬은 아닌지 글 읽을 때 확인해보는 것도 필요합니다. 더불어 방송매체, SNS상에도 정보를 가장한 홍보가 많으므로 '진짜 정보'를 선별하는 것이 중요해요.

언론 보도

금융·경제 관련 신문에서 '2030 카드 혜택 총 정리, 할인 얼마까지 받아봤니', '하루만 맡겨도 이자 쏠쏠… 파킹 통장으로 모여라' 등 한 가지 주제를 놓고 몇 개의 금융 상품을 한꺼번에 다루는 기사를 본 적 있을 거예요.

아래 표는 기사에서 흔히 접할 수 있는 금융 상품 혜택 유형입

카드 혜택 정보 예시

A 카드	영화관 3,000원 할인, 커피 전문점 20% 할인
B 카드	대중교통 요금 10% 할인, 영화관 35% 할인
C 카드	온라인 쇼핑 10% 할인, 대형 서점 10% 할인
D 카드	전국 모든 식당에서 최대 10%까지 할인

니다. 만약 이 표만 보고 '이렇게 유용한 카드가 있었네!' 하는 생각이 든다면, 금융 상품의 정보 분석 내공이 부족한 사람이에요. 이런 정보는 비판적인 관점에서 바라볼 필요가 있습니다. '왜 혜택만 나열되어 있지? 전월 실적이나 한도는?' 하고 말이죠. 언론 기사에서 소개하는 이런 혜택이 무조건 주어진다면 문제가 되지 않습니다. 하지만 실상은 그렇지 않다는 게 문제죠. 그러니 이런 기사는 그저 상품 설명서에서 혜택 부분만 복사해서 붙여넣기 했을 뿐 진짜 내게 도움이 될 정보는 아닌 거죠.

물론 지면의 한계로 혜택을 받기 위한 부수적인 조건까지 자세히

카드 혜택 정보 상세 예시

A 카드	영화관 3,000원 할인, 커피 전문점 20% 할인 (단, 전월 실적 20만 원 이상 시 혜택 제공 / 영화관 : 1만 원 미만 결제 시, 월 1회 / 커피 전문점 : 월 2회, 최대 1만 원 할인)
B 카드	대중교통 요금 10% 할인, 영화관 35% 할인 (단, 전월 실적 20만 원 이상 시 통합 할인 한도 내에서 제공 / 대중교통 : 전월 30만 원 이상 시 최대 2,000원 할인 / 영화관 : 1만 원 이상 결제 시 최대 7,000원 할인)
C 카드	온라인 쇼핑 10% 할인, 대형 서점 10% 할인 (단, 전월 실적 10만 원 이상 시 통합 할인 한도 내에서 제공 / 쇼핑몰 : 월 1회, 최대 5,000원 할인 / 대형 서점 : 월 2회, 최대 5,000원 할인)
D 카드	전국 모든 식당에서 최대 10%까지 할인 (단, 전월 실적 20만 원 이상 시 통합 할인 한도 내에서 제공 / 식당 : 5,000원 이상 결제 시, 전월 실적 20만 원 이하일 경우 5% 할인)

다루지 못하는 경우도 있을 거예요. 그럴수록 정보 소비의 주체인 우리는 액면 그대로 받아들이지 말고 숨겨진 무언가가 있다는 생각을 하면서 꼼꼼하게 따지면서 읽어야 합니다.

금융 회사 직원의 권유

그렇다면 금융 상품을 실제 판매하고 고객들을 많이 만나는 직원은 좀 더 정확한 정보를 제공하지 않을까요? 답은 '그럴 수도 있고, 전혀 아닐 수도 있다'예요. 고객이 직접 직원에게 본인의 소비 패턴을 자세히 말하지 않는 이상 대부분 가입하는 사람의 직업과 연령대를 강조하며 상품 팸플릿에 혜택 위주로 설명하는 것이 일반적입니다. 정말 직원에게 자신의 소비 습관에 적합한 체크카드를 추천받고 싶다면 한 가지 방법은 있어요. "저는 한 달에 교통비가 6~7만원 들고, 커피는 잘마시지 않고, 외식도 거의 안 해요. 한 달에 20만 원 정도 소비하는데 어떤 카드가 적합할까요?" 하는 식으로 구체적인 상담을 하는 겁니다. 내가 똑똑하고 현명하게 챙기지 않으면, 누구도 나서서 내게 좋은 정보를 알려주지 않는다는 점 절대 잊지 마세요.

당신만 아는 정보?
이미 전 국민이 다 아는 정보

———————————— 주식 시장에서 흔히 농담처럼 이런 말을 자주 하죠. "너가 안다는 건, 이미 모든 사람이 다 안다는 거다." 그리고 실제

로 이렇게 어디선가 들은 정보로 투자를 한 경우 슬프게도 실패하는 경우가 많아요.

남의 추천에만 기대는 편한 재테크를 추구하면 결국 득보다 실이 더 많아질 수 있어요. 이런 불행을 막기 위해서 우선 쉽게 접할 수 있는 정보부터 잘 판단하는 능력을 키워야 합니다. 물론 판단력을 키우는 건 하루아침에 되지 않기 때문에 재테크에 관심이 생겼을 때, 바로 지금부터 해야 한다고 생각해요. 사실 '대체 얼마나 부자가 되겠다고 이런 걸 고민하고 있어야 되지' 하면서 답답한 순간도 있어요. 하지만 귀찮아도 금융 상품에 가입할 때는 금융 회사 홈페이지에 들어가 상품 설명서를 조목조목 읽는 습관을 들이고, 관심 있는 상품들을 비교 분석하다 보면 나에게 맞는 상품을 찾을 가능성이 커집니다. 금융 상품을 공부하다가 이해가 안 되면 고객 센터를 적극 활용해도 좋습니다. 요즘 고객 센터는 전화 상담, 이메일 상담 외에 일대일 채팅 상담 서비스도 가능해 즉시 궁금증을 해결할 수 있습니다.

너무 바빠 상품 설명서 읽을 시간조차 없거나, 읽어도 도통 모르겠다면 인터넷 검색을 이용해보세요. 단, 금융 상품의 장단점이 확실하게 비교되어 있고 작성자가 직접 사용한 다음 작성한 후기 위주로 찾아보는 것이 좋습니다. 만약 상품의 장점만 줄줄이 나열되어 있다면 단호하게 창을 닫고 다른 페이지를 보는 것이 시간을 아낄 수 있는 현명한 방법입니다.

금융 회사마다 혜택이 좋은 진짜 알짜 상품은 SNS 홍보, 텔레마케팅, 기사 형태의 광고, 직원 권유 등 적극적인 홍보를 안 해도 이용자들 입소문을 통해 자연스레 알려집니다. 오히려 이러한 상품들은 금융 회사 입장에서는 수익이 안 된다며 쥐도 새도 모르게 혜택을 줄이거나 단종시키기 바쁘답니다. 하지만 이때도 다시 한 번 기억해야 할 것은 다른 사람들이 만족하는 상품이라도 나에게 이익 없는 상품일 수도 있다는 점이에요. 제3자의 추천만 듣고 덜컥 상품에 가입하고 막상 사용해보니 혜택이 없다며 뒤늦게 후회해도 돌아오는 건 없답니다. 왜냐하면 최종 선택은 내가 했기 때문이죠.

　　힘들지 않고 돈 버는 방법은 절대 없다고 생각해요. 금융 상품 선택도 마찬가지랍니다. 티셔츠 하나를 살 때도 여러 쇼핑몰을 둘러보면서 가격 비교하고, 구매 후기도 보고 엄청 신경 써서 고르면서 힘들게 벌고 모은 소중한 돈을 관리하는 상품을 고를 때 대충한다는 것은 말이 안 되겠죠.

"은행 직원이 하는 말은 다 정답 아닌가요?"

A. 그렇지 않아요. 이런 경우도 있어요. 최근에 재테크에 관심이 생겨서 종잣돈을 모으기로 결심한 20대 사회초년생 A씨는 적금에 가입하려고 은행에 갔다가 직원에게 비과세 혜택에 복리고, 적금보다 금리도 높다는 상품을 추천받게 되죠. 생각지도 못한 상품 추천에 어리둥절했지만 주로 거래하는 은행인 데다 직원이 좋다고 하니까 일단 가입했습니다. A씨가 가입한 상품은 10년 장기 저축. 적지 않은 부담되는 금액이지만 매달 꼬박 납입해보기로 합니다. 몇 달 후 그때 가입한 상품이 궁금해진 A씨는 검색을 하다가 자신이 든 것이 적금이 아닌 보험임을 알게 됩니다. 뒤늦게 해지하기 위해 다시 금융 회사에 방문했지만, 계약서상 지금 해지하면 이자는 고사하고 원금도 돌려받을 수 없다는 말만 들었다고 합니다. 상품 특성상 상품 사업비가 많이 들어가서 어쩔 수 없다고 하면서요. A씨는 이때 사업비라는 존재를 처음 알게 되었다고 해요. 결국 비싼 수업료를 지불하게 된 셈이죠. 직원이 추천해줬지만, 사전 정보가 없어서 제대로 몰랐던 금융 상품이 아니라 처음에 자기가 알아보았던 대로 적금에 가입했다면 시간, 돈 낭비를 하지 않았을 거라며 후회하고 있습니다.

유감스럽게도 유사한 일들은 빈번하게 일어나고, 그 피해는 금융 회사를 맹신했던 고객이 고스란히 떠안고 있어요. 힘들게 한 푼 두 푼 모은 그 돈이 내게 얼마나 소중한지 그들은 관심 없답니다. 뭐든지 본인이 알고 익숙한 것부터 시작하는 게 좋아요. 모르는 상품은 먼저 알아보고 가입하는 것이 실수를 줄일 수 있는 최고의 방법입니다.

②
쓰기만 해도
재테크가 되는 가계부

　　돈 관리를 제대로 하고자 한다면 통장이나 카드 같은 금융 상품을 알아보기 전에 먼저 습관을 바로 잡아야 합니다. 돈을 관리하는 습관이요. 가장 좋은 돈 습관은 바로 누구나 친숙하고, 중요하다는 걸 알지만 꾸준히 작성하기는 어렵고 귀찮은 '가계부 쓰기'예요. 한 조사에 따르면 실제 가계부 사용자의 약 70%가 "가계부 작성이 돈을 모으는 데 도움이 된다"라고 말할 정도로 제대로 활용하면 자산 관리에 아주 큰 역할을 하는 중요한 포인트입니다.

———————————— 가계부 작성 요령은 재테크 서적에서 단골손님입니다. 가계부 작성 방법만 알려주는 책이 있을 정도예요. 이렇게 가계부 사용을 강조하는 이유는 바로 재테크 성공 사례에 빠짐없이 가계부 사용이 등장하기 때문이에요. 세계적인 부자 록펠러 가문도 자손들에게 가장 먼저 가계부 쓰기를 가르칩니다. 그만큼 가계부 쓰기가 부를 축적하는 데 큰 역할을 한다는 거죠.

중요한 건 알겠는데 실제로는 어떤가요? 가계부는 며칠 쓰다 보면 귀찮거나 잊어버리는 경우가 잦고, 보통 수입과 지출을 단순 기록하는 기록지 정도의 역할만 하게 됩니다. 저 역시 꾸준히 쓰던 가계부를 한두 달 놓아버린 기간 동안 자체 파산까지 한 경험이 있어요. 그래서 가계부 쓰기를 중요하게 여깁니다.

가계부는 수입과 지출을 계산하여 남은 돈을 정산하는 용도로 많이 알고 있고 대부분 그렇게만 사용합니다. 하지만 잔액 확인보다 더 확실한 가계부 작성의 효과는 바로 나의 소비와 저축 패턴을 분석하고 더 나아가 금융 상품을 효율적으로 이용하기 위한 객관적인 자료로 활용할 수 있다는 점입니다. 내가 어느 항목에 지출이 많고 적은지, 소비하면서 불필요한 지출은 없었는지, 받을 수 있는 혜택은 충분히 누리고 있는지, 자금의 흐름 주수입, 부수입, 고정 지출, 변동 지출, 저축, 투자, 비상금 등은 어떤지 등을 확인할 수 있죠.

무조건 안 쓰고 저축만 하는 건 현실적으로 불가능합니다. 그러므

로 쓸데없는 부분에서 지출은 줄이면서 저축을 늘려야 하는데, 가계부
는 이를 확실하게 도와주는 역할을 합니다.

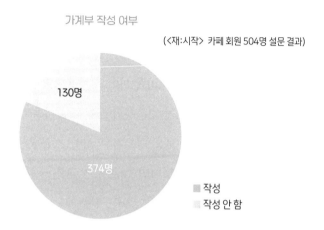

가계부 작성 여부

<재:시작> 카페 회원 504명 설문 결과)

130명

374명

■ 작성
■ 작성 안 함

가계부 쓰기,
매번 포기하는 이유

"제가 완벽주의라서요"

가계부를 작성할 때 신경을 많이 쓰는 부분은 '잔액'입니다. 열심
히 적은 지출을 수입과 비교했지만 가끔은 1원 단위까지 꼭 맞아떨어
지지 않죠. 그 순간 '어디로 사라졌지? 왜 내가 가계부 쓰는 것에 시간
을 투자했을까? 시간 낭비, 돈 낭비! 나랑 가계부는 맞지 않아. 안 써!'
라며 스스로 가계부와 이별을 고합니다. 몇 번 시도해봤지만 매번 잔액
스트레스 때문에 중도 포기한다면, 잔액 맞추기보다는 소비 분류에 집

중하세요.

내가 어떤 항목에 얼마를 소비하는지부터 알아보고 이 과정에 익숙해질 때쯤 잔액을 신경 써보세요. 저도 하루 가계부를 50회 차 이상 쓰고 나서야 자연스레 잔액을 맞춰야겠다는 의지도 가지게 되고, 잔액이 맞지 않아 스트레스를 받는 빈도도 점점 줄어들었습니다. 처음 가계부를 접할 때는 불필요한 소비를 파악하는 용도로 접근해보세요.

가계부에서 분류는 크게 대분류와 소분류로 나눌 수 있습니다. 예를 들어, 커피를 마셨다면 보통 대분류는 식비, 소분류는 커피/음료로 지정할 수 있겠죠. 버스를 탔다면 대분류는 교통, 소분류는 대중교통이겠고요. 항목으로 묶어 정리하면 어느 분류에 소비가 치우치거나 부족한지 파악이 가능하답니다. 만약 이번 달 총 소비에서 식비가 50%인데, 문화생활은 0%라면 소비 분류를 보다 균형 있는 지출을 위해 점검해볼 필요가 있겠죠.

"일기가 밀려 있는 압박감이…"

매일 써야 된다는 강박관념 때문에 가계부 작성을 시작하기 전부터 심리적인 압박을 느끼는 분들이 많습니다. 그러다 하루라도 안 쓰면 그다음 날부터 자연스럽게 멀어지게 되죠. 그리고 월말에는 매번 돈이 없어 스트레스를 받고 다시 월초에 새롭게 시작하는 걸 반복하며 몇 달 뒤에는 가계부 쓰기를 아예 포기하게 됩니다.

이미 지나간 기간은 과감히 넘기고 오늘부터 다시 시작하세요. 지난 내역을 적는 것은 그동안 미룬 일기를 하루에 몰아 쓰는 것처럼 의미 없는 기록일 뿐입니다. 습관이 잡히기 전까지는 '오늘 하루만 써야지!'라는 다짐을 하며 현재에 집중하세요.

"이거 저만 어렵나요?"

가계부를 고를 때 잘해보겠다며 다양한 기능이 있는 화려한 가계부를 선택하는 경우가 종종 있습니다. 복잡해도 익숙해지면 긍정적인 효과를 발휘할 수도 있지만, 실제로 익숙해지기 전에 질리고 맙니다. 또한 알아보기 귀찮아 인터넷 서점 등에서 평점이 높은 가계부를 고르기도 하죠. 아무리 기능이 많거나 평점이 좋다 해도 정작 자신이 편하게 사용할 수 없으면 소용없죠.

가계부는 다양한 기능이 없고 주변 사람들이 추천하지 않아도 괜찮습니다. 가계부에 자신에게 필요한 부분이 들어가 있고 사용법이 간편해 쉽게 손에 익힐 수 있는 것을 선택하세요. 마음에 드는 가계부가 없다면 빈 공책, 혹은 엑셀 파일에 직접 만드는 것도 좋습니다.

"당장 부자 안 되잖아요?"

"귀찮아요", "써도 안 써도 똑같아요", "왜 쓰는지 모르겠어요" 등 가계부를 안 쓰는 이유를 물어보면 나오는 대답들입니다. 많은 사람들이 하루아침에 극적인 변화를 느끼고 싶어 하죠. 변화된 모습을 빨리 경험하고 싶다면 기록만 하지 말고 오늘 있었던 지출에 대해 스스로 피드백을 해야 합니다. 스스로 잘한 소비와 아쉬운 소비를 생각하면서 하루를 되돌아보는 것입니다. 소비 자체를 아예 안 하고 돈만 모으는 것은 제대로 된 돈 관리가 아니라고 생각하기에 이왕 지출한다면 의미 있게 하자는 것이죠. 아쉬운 소비가 있다면 이를 기억해뒀다가 다음에 소비할 때 되풀이하지 않으면 됩니다.

가계부를 이용하여 새는 돈을 막고 싶다면 객관적인 사실을 바탕으로 주관적인 평가를 남겨보는 것이 필요합니다. 예를 들어, 충동적으로 편의점에 가서 간식거리를 산 걸 반성한다고 피드백하면 나중에 또 비슷한 충동소비가 일어날 것 같을 때 그 당시에 적었던 반성소비를 떠올리는 거죠. 캡처를 하거나 사진을 찍어놓고 계속 꺼내 보면서 마인드 컨트롤을 하는 방법도 있습니다. 저는 이 방법으로 간식의 유혹을 많이 이겨냈습니다. 기존에 작성하던 가계부 양식에서 이 부분만 추가해 습관을 만든다면 양과 질의 차이가 확연하게 드러납니다. 가계부를 꽤 오래 쓰고 있지만 재정적으로 변화가 없다면 꼭 시도해보세요.

가계부 잘 쓰기?
이것만 하자

———————————— 각자 쓰는 방식과 강조하는 부분이 다르기에 가계부를 처음 접하는 사람들은 오히려 다양한 방법과 기능이 복잡하게 느껴질 수 있어요. 모두 다 받아들이려고 하기보다는 실제로 작성해보면서 나에게 맞는 내용만 하나씩 적용해보세요. 가계부에는 정답이 없습니다.

구체적인 목표 설정

가계부를 꾸준히 못 쓰는 이유는 동기 부여가 되기까지 시간이 걸리고 지금 당장 변화는 없으면서 불편한 현실만 확인하게 돼 즐거움보다 우울함이 앞서기 때문인데요. 이럴 때 가계부 쓰기와 함께할 수 있는 나만의 목표를 세워보세요. 일주일에 15만 원 쓰던 것에서 12만 원 이하로 소비하기, 한 달 20만 원으로 생활하기, 한 달에 혼자 마시는 커피 5회에서 3회로 줄이기 등 때로는 소소한, 때로는 과감한 목표를 세우고 실천해보는 거예요. 이렇게 뭔가 목표를 정해두면 불필요한 소비를 좀 더 쉽게 컨트롤 할 수 있고, 또 모은 돈으로 무엇을 할지 생각해보는 것은 쉽게 지치는 걸 막아줍니다. 하나씩 목표를 이룰 때마다 느끼는 성취감은 돈 관리할 때 자신감의 원천이 됩니다.

불필요하고 줄일 수 있는 항목은 따로

커피값, 술값, 택시비, 수수료, 연체료 등 굳이 소비하지 않아도 될 항목을 따로 모아 관리하는 방법입니다. 저는 이런 지출들을 '낭비'라고 이름 붙이고 눈에 띄는 색으로 따로 표시하여 지난달과 이번 달의 금액을 서로 비교해보며 다음 달 소비 계획에 참고합니다. 하지만 이 항목들은 개인, 상황에 따라 달라질 수 있으므로 남들에게 낭비 항목이라고 해도 본인에게는 정말 필요한 항목이라면 불편해할 필요 없습니다. 스스로 잘 생각해보고 나름의 규칙에 맞게 관리하면 됩니다. 월별 막대 그래프로 그려보면 낭비에 쓴 액수의 변화를 한눈에 알아볼 수 있어 소비 패턴을 확인하는 데 도움이 됩니다.

주간·월간 결산은 필수

열심히 소비 내역을 기록하는 것만으로 끝낸다면 귀찮음을 이겨내고 가계부 쓰는 의미가 전혀 없다고 생각해요. 가계부를 효과적으로 쓰려면 매달 특정한 날짜를 정해 한 달 수입과 지출, 저축을 정산하는 시간을 가져야 합니다. 수입이 들어오기 전날 정도가 무난해요. 만일 한 달 결산이 애매하다면 일주일마다 정리해 월말에 최종 정리를 하는 것도 좋습니다. 이렇게 하면 쓸모없는 소비는 얼마나 했는지, 전체적으로 어떤 항목에서 평소보다 지출이 많았는지 등을 파악할 수 있는 것은 물론, 지난달 가계부와 비교하면서 다음 달 예산까지 세울 수 있습니다. 이렇게 매달 나오는 결과물들을 정리해두면 1년이 되는 시점에는 12개월 데이터가 쌓여 내년 예산을 계획할 때 유용하게 쓸 수 있습니다.

소비 후 바로 기록

가계부를 작성하면서 받는 스트레스 중 하나가 돈은 사라졌는데 어디에 썼는지 도통 기억이 나지 않는 경우가 많다는 것입니다. 소비한 항목이 기억나지 않는다면 현재 나의 소비 상황을 제대로 파악하기 어렵겠죠.

카드를 사용하는 사람은 신청만 하면 결제 내역을 SMS 또는 알람으로 받을 수 있어 빠뜨리는 부분 없이 정리가 가능합니다. 하지만 알람 신청을 하지 않았거나 카드 대신 현금을 사용하고 영수증을 잘 챙기지 않으면 금방 잊어버리게 됩니다. 이렇게 하나둘 건너뛰면 가계부에 비어 있는 금액이 발생하기 시작하죠. 저도 같은 고민에 빠진 적이 있는데 해결책은 내 기억력만 믿지 말고 아주 조금 부지런을 떨자는 것이었습니다. 커피 전문점처럼 계산을 하고 상품을 받기까지 기다리는 경우라면 그때 SNS나 웹툰을 보며 시간을 보내는 대신 바로 가계부나 메모 어플에 간단하게 기록합니다. 기다리지 않는 상황일 때는 물건을 받고 나온 매장 앞에서, 또는 바로 이동해야 된다면 대중교통을 이용하는 시간 동안 정리를 해요. 1~2분 안에 충분히 할 수 있는 일입니다. 습관이 되면 가계부에 자연스레 할인 내역을 기록하는 여유까지 생깁니다.

가계부를 일기처럼

가계부 쓰기가 습관이 되지 않은 상태에서 처음부터 꾸준히 작성하기는 힘듭니다. 가계부를 쓴다고 해도 당장 나에게 재정적인 변화가 나타나지 않으니 필요성이 절실하게 느껴지지 않는 거죠. 저 역시 일주일 꼬박 잘 적다 한 번 가계부에서 손을 놓고 나니 자연스레 가계부와 멀어지게 되더라고요. 썼다 안 썼다 반복해서인지 오히려 심적으로 지칠 뿐이었습니다. 그래서 저는 제 자신과 약속 하나를 했습니다. 생각날 때 적지 말고 아예 가계부 작성만을 위한 시간을 정하기로요. 아침 9시도 좋고, 오후 2시도 좋습니다. 자신의 라이프스타일에 맞춰 시간을 정해서 무슨 일이 있어도 이때는 가계부를 쓰면서 더불어 하루를 정리하는 시간으로 삼고 있습니다. 시간은 어느 정도 습관이 될 때까지는 본인이 의지를 가지고 만들어야 해요.

영수증도 반드시

성향에 따라 영수증 관리 방법도 다릅니다. 저는 영수증을 일단 다 받은 다음 소비 항목에 따라 계속 보관할지 버릴지 결정합니다. 예를 들어, 고가 제품의 영수증, 교환이나 반품이 필요할 수 있는 물품 등 증빙 자료가 필요한 소비 항목에 해당하는 영수증은 남겨둡니다. 여행 다니면서 받은 영수증은 기념품으로 별도로 보관하고 있고요. 이에 해당되지 않는 것들은 가계부 어플에 기록하고 버립니다. 예전에는 영수증을 종류 관계없이 무조건 모았는데 시간이 지날수록 자리만 차지하더라고요. 물론 수기 가계부를 사용하는 경우에는 영수증을 붙이면 돈을 어디에 썼는지 상세 내용까지 확인할 수 있어 매우 유용해요.

영수증은 간혹 계산 실수가 있을 때 증빙할 수 있는 소중한 자료이기도 합니다. 귀찮다고 계산하는 분에게 버려달라고 하지 말고 꼭 챙기는 습관을 가지세요. 실제 저희 어머니는 어느 날 매장에서 옷을 구입했는데 그날따라 정신이 없어 뒤늦게 집에 돌아와 영수증 정리를 하면서 액수를 확인하셨어요. 그 당시 문자로 결제 내역을 받았지만 여러 벌을 구매했기에 그저 옷이 좀 비싸다고만 생각하셨대요. 그런데 영수증을 확인해봤더니 옷 하나가 두 벌로 계산되어 있었던 거예요. 어머니는 다음 날 매장에 가서 영수증을 보여주며 무사히 환불을 받을 수 있었습니다. 조금만 더 일찍 확인했다면 다시 매장을 방문하는 수고를 안 하셔도 됐겠죠. 물론 영수증을 그냥 버렸다면 환불 자체가 불가능했을 테고요. 그날 이후 저희 어머니는 아무리 바빠도 영수증을 받아 꼭 그 자리에서 바로 한 번 더 확인을 하신다고 해요.

이외에도 영수증을 활용할 수 있는 방법이 있습니다. 이벤트 응모인데요. 영수증 밑에 이벤트 응모권이 붙어 있는 경우도 있고 댓글, 인증샷, 후기, 할인 쿠폰 등 현재 진행 중인 행사 내용이 적혀 있는 경우가 많습니다. 저는 거기에 응모해서 종종 당첨이 돼 추가적인 혜택을 누리기도 했어요. 물론 개인 정보를 수집하여 보험 가입 홍보업체 같은 곳으로 전화번호가 넘어가는 것도 꽤 있으니 잘 골라서 활용해야 합니다. 요즘은 영수증을 찍어 업로드하면 포인트를 적립해주는 어플도 있으니 그냥 버리지 마세요.

그리고 영수증을 버릴 때는 대충 구겨 버리지 말고 분쇄기를 이용하거나 최대한 잘게 찢어 혹시 발생할지 모를 개인 정보 유출을 피해야 한다는 것도 기억해두세요.

나와 잘 맞는
가계부는?

수기 가계부

우리가 가장 쉽게 접할 수 있는 가계부는 바로 수기 가계부예요. 손으로 직접 작성하면서 수입과 지출을 확실하게 체감할 수 있는 것이 가장 큰 장점이죠. 과거부터 현재까지 가계부 기록을 책 넘기듯 볼 수 있어 전체적으로 소비 흐름을 파악하는 데도 좋습니다. 시중에 판매하는 가계부도 있지만 처음에는 빈 공책을 준비해 본인에게 필요한 항목만으로 구성하는 것이 더 좋습니다. 요즘은 태블릿에서 사용 가능한 양식도 있어 자주 사용하는 도구에 따라 고를 수 있습니다.

꾸준히 쓰는 습관만 잘 다진다면 다른 형태의 가계부에 비해 자료를 쉽게 잃어버리지 않아서 좋고, 손으로 직접 기록하는 걸 좋아하는 사람들은 취향에도 맞습니다. 하지만 가계부에 바로 적지 않고 미루면 끝이 없다는 단점이 있죠. 그리고 항목별 계산을 일일이 해야 하며 카드 및 통장 개수가 늘어날수록 기록과 계산이 버거워지기도 해요.

시중에 판매되는 가계부는 유형, 구성이 조금씩 다릅니다. 겉표지가 예뻐서, 왠지 체계적으로 구성되어 있는 것 같아서 꽤 값이 나가는 가계부를 덜컥 구매하는 경우가 많은데, 나에게 맞게 구성되어 있는지를 확인하는 것이 가장 중요합니다. 자칫 가계부 구입 자체가 낭비 항목이 되어버릴 수도 있어요.

온라인 가계부

표, 그래프, 전월 비교 분석 등 기본적인 기능을 편하게 활용할 수 있습니다. 항목별 소비 금액도 자동 합산되어 직접 계산하는 번거로움을 줄일 수 있고요. 엑셀 파일로도 저장이 가능합니다. 하지만 인터넷이 안 되는 곳에서는 사용하지 못하고, 본인에게 필요치 않은 기능도 많아 정신이 없을 수 있습니다. 무료 가계부의 경우 가끔 서비스가 중단되는 난감한 경우도 발생하니 중간중간 백업은 필수입니다. 또한 특정 기능을 사용하기 위해 유료 결제를 해야 하는 경우도 있습니다.

엑셀 가계부

엑셀을 다룰 줄 알면 자신에게 필요한 기능만 넣어 나만의 맞춤 가계부를 만들 수 있습니다. 직접 만들 수도 있지만 인터넷 검색을 통해 무료 엑셀 가계부 기본 형식을 받아서 내게 맞게 수정해 사용하면 간단합니다. 파일을 저장 가능한 곳에 넣어 다니면 인터넷이 안 되는 곳에서도 이용 가능하고 수식을 넣어 자유자재로 항목별 통계를 낼 수도 있어요. 하지만 컴퓨터를 자주 사용하지 않거나 엑셀을 쓸 줄 모르면 사용하기 쉽지 않다는 단점이 있어요. 백업은 주기적으로 해주는 것이 좋습니다.

어플 가계부

어플 가계부는 종류가 다양하기 때문에 취향대로 고르면 됩니다. 스마트폰만 있으면 시간과 장소에 제약 없이 수입, 지출, 이체 등을 바로 기록할 수 있어요. 특히 카드 결제 시 오는 결제 문자가 자동으로 가계부에 등록되는 편리함이 최고의 장점이죠. 몇 번의 터치로 대분류, 소분류, 내역을 소비 항목에 맞춰 넣어주면 소비했던 것을 잊어버릴 걱정이 없습니다. 엑셀로 내보내기 기능이 있는 어플도 있어 백업도 편리합니다. 반면 어플 자체에 오류가 잦으면 불편할 수 있고 동기화되지 않은 경우 핸드폰이 초기화되면 자료가 사라질 위험도 있습니다. 이 역시 온라인 가계부처럼 더 다양한 기능을 사용하려면 유료 결제가 필요할 수 있어요.

스마트폰 사용자가 늘어나면서 어플 가계부 이용이 압도적으로 많아졌습니다. 뒤를 이어 온라인 가계부, 수기 가계부, 엑셀 가계부 순인데, 요즘에는 두 종류 이상의 가계부를 함께 사용하는 경우도 종종 볼 수 있습니다. 각 가계부 유형에는 장단점이 있기에 장점을 최대한 활용하고 단점은 다른 종류로 보완하는 것이죠. 저는 온라인 가계부와 수기 가계부를 함께 사용 중입니다. 컴퓨터 앞에 있는 시간이 상대적으로 많아 관리하기 쉽고 컴퓨터를 할 수 없을 때는 손으로 기록하는 걸 좋아하고 제가 만든 가계부 양식도 나만의 소비 패턴을 파악하기 편리하게 되어 있어요.

😊 (tip) 어플 가계부 잘 고르는 tip

• 구성은 대분류, 소분류, 내용을 스스로 적을 수 있는 것을 고를 것
• 기능이 너무 복잡하지 않은 것을 고를 것
• 유료보다는 무료 버전부터 사용해볼 것

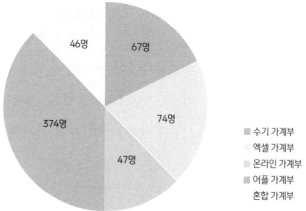

가계부 유형별 사용 비율

(<재:시작> 카페 회원 608명 설문 결과)

46명
67명
74명
374명
47명

■ 수기 가계부
  엑셀 가계부
■ 온라인 가계부
■ 어플 가계부
  혼합 가계부

◗◕◕ 가계부 함께 써볼래요

실생활에서 다른 사람의 가계부를 엿보는 것은 쉬운 일이 아니죠. 하지만 네이버 〈재:시작〉 카페에서는 남들이 매일 쓰고 있는 생생한 가계부를 볼 수 있습니다. 하루, 일주일, 한 달 가계부 등 종류도 다양해요. 또 나의 가계부를 올려 소비 패턴이나 가계부 운용 방식 등에 대해 제3자에게 피드백을 받을 수 있습니다. 그 과정에서 알짜배기 팁도 얻을 수 있고요. 서로 조언과 응원을 주고받으면서 동기 부여도 된답니다. 가계부로 제대로 된 돈 관리를 시작하고 싶은 의지와 욕구가 있다면 가입하여 같은 목표를 가진 사람들과 함께 좋은 습관을 만들어나가는 것도 좋을 듯합니다.

<재:시작 cafe.naver.com/unistudentstory 카페> 중 '하루 가계부' 게시판 글 리스트

말머리 ▼	제목	작성자
공지	[공지] 10월 재:시작 카페 이벤트 안내 [31]	
공지	[가계부] 요니나 매일 한 장 가계부 스마트스토어 판매중 [42]	
134758	[10월] 14일 / 397회차 😊 Ⓝ	
134754	[10월] 14일 / 174회차 😊 Ⓝ	
134749	[10월] 14일 / 301회차 😊 Ⓝ	
134748	[10월] 14일 / 473회차 😊 Ⓝ	
134739	[10월] 14일 / 1201회차 😊 Ⓝ	
134737	[10월] 14일 / 472회차 😊 Ⓝ	
134733	[10월] 14일 / 74회차 😊 Ⓝ	
134728	[10월] 14일 / 362회차 😊 Ⓝ	
134721	[10월] 14일 / 377회차 😊 Ⓝ	

3

'푼돈이 목돈 된다' 식상해도 정석

일상생활 중 푼돈과 공돈은 생각보다 자주 생겨요. 하지만 사람들은 푼돈이나 공돈은 다른 돈보다 가볍게 여기고 쉽게 써버리곤 합니다. 아마도 푼돈과 공돈의 특성 때문인 것 같아요.

푼돈은 많지 않은 몇 푼의 돈으로 은행 수수료, 담뱃값, 커피값 등 본인 의지로 충분히 절약할 수 있는 소비 항목입니다. 공돈은 노력의 대가로 생긴 것이 아니라 거저 얻거나 생긴 돈으로 은행 이자, 주식 배당금, 신용카드 또는 체크카드 환급액, 보너스, 연말정산 환급금, 상여금 등 고정 수입 외 소득이죠. 사람들은 이런 돈이 생기면 어떻게 해야 할지 고민합니다. 푼돈과 공돈을 어떻게 활용하느냐에 따라 목돈 마련이 쉬워지기도 하고 어려워지기도 합니다.

돈 벌어도 돈 없는 당신,
줄줄 새는 돈이 있다

──────────────── 평소 약속 시간보다 일찍 도착한 A씨는 친구
들이 오기 전에 커피전문점에서 5천 원짜리 커피 한 잔을 샀습니다. 저
녁 먹고 2차로 술집, "한 잔 더~"를 몇 번 외치다 보니 대중교통은 이미
운행 종료되었어요. 설상가상 현금이 모자라 친구들한테 빌리려고 해
보지만 다들 현금이 부족한 상태. 현금 없이 카드만 들고 택시를 타는
것이 불안해서 근처 편의점 ATM에서 수수료 2천 원을 내고 돈을 뽑
아 할증 붙은 택시를 타고 집까지 왔더니 요금 8천 원이 나왔습니다.

그래도 무사히 귀가했다는 것에 스스로 위안하며 잠이 듭니다. 이
렇게 A씨는 군이 안 써도 될 1만 5천 원을 하루 동안 소비했어요. 이
런 일이 주 1회 빈도로 생긴다면 한 달에 약 6만 원이 공중분해되는 셈
입니다. 조금만 부지런하고 계획적으로 움직인다면 지갑에서 빠져나가
지 않을 돈이죠. 또한 열심히 긁어서 받은 신용카드, 체크카드 환급액
은 공돈이라며 당연한 듯 소비 통장에 넣어 추가 지출을 합니다. 이런
생활이 몸에 배면 "돈을 버는데 돈이 없다"라는 말이 절로 나온답니다.
정작 본인이 돈을 어떻게 쓰고 있는지도 모른 채 말이에요.

저 역시 공돈의 중요성을 깨닫기 전까지 공돈이 생기기만 하면 바
로 소비 통장에 넣어 쓰곤 했습니다. '원래 없는 돈인데 생긴 공돈이잖
아. 그리고 이게 얼마나 된다고…' 이런 생각을 하면서요. 그렇게 6개
월 동안 지낸 결과 푼돈과 공돈은 틈틈이 생겼지만, 소비 통장에 남아
있는 잔고는 0원. 꼼꼼하게 카드 할인 혜택을 받으려 노력했고, 소비하

고 싶은 욕구도 꾹 참아가며 통장에 묵혔던 돈으로 받은 이자는 어디에도 보이지 않았습니다. 그렇다고 그 푼돈과 공돈으로 특별히 기억에 남는 것을 소비하지도 않았기에 꽤나 충격을 받았습니다. 이는 돈 모으고자 할 때 가장 기본이 되는 소소한 푼돈, 공돈을 가볍게 여긴 결과였던 것입니다. 의미 없이 사라지는 푼돈과 공돈을 모으고 활용한다면 아무리 버는 돈이 적어도 쌓이는 돈은 늘어날 수 있습니다.

푼돈과 공돈, 바로 잡자

———————————— 단단히 다짐을 하고 커피값 5천 원을 몇 번 절약하니 이 달에 쓸 수 있는 돈이 조금 남았어요. 그런데 귀찮다는 이유로 소비 통장에서 그 돈을 따로 분리하지 않은 채 머릿속으로만 생각하는 경우가 흔해요. 하지만 사람은 기억하는 데 한계가 있어 기록하지 않으면 금방 잊고, 오히려 힘들게 절약한 푼돈, 공돈에 해당하는 금액을 추가 소비하게 됩니다. 의지만으로는 몇십 년 동안 쌓인 소비 습관이 쉽게 달라지지 않습니다. 그러니 소소한 푼돈이나 공돈은 특별히 더 신경을 써야 해요. 새어나가지 않도록 말이죠.

　일반적으로 푼돈과 공돈은 통장을 만들어 관리하면 좋습니다. 통장을 하나로 합치거나 각각 만드는 것은 본인이 선택하기 나름입니다. 금융 회사에서 판매하는 상품 중에 푼돈, 공돈 통장이라는 상품명이 별도로 있는 것이 아니니 쉽게 가입할 수 있는 상품에 직접 이름을 붙여서 활용하는 것입니다. 자주 거래하는 금융 회사 상품 중 이용하기 편한 것으로 고르면 됩니다. 지금은 목돈을 불리는 것이 아니라 만드는 과정이기에 금리 따지며 아까운 시간을 낭비하는 대신 하루라도 빨리 개설하여 소비 통장과 분리하는 것이 더 현명합니다. 가입 기간은 보통 1년이지만 이번 기회를 통해 저축 습관을 만들고 싶거나, 1년이라는 기간 자체가 부담스럽다면 6개월 만기부터 시작해보는 것도 좋습니다. 정해진 기간은 따로 없으므로 원하는 기간을 설정하면 됩니다. 단, 2~3년 만기의 무리한 설정은 권하지 않아요.

푼돈 통장

자유 적금이 좋아요. 요즘에는 편하게 아이콘 한 번만 누르면 아낀 금액이 소비 통장에서 예금 통장으로 저축되는 스마트폰 적금도 있습니다. 매일 5천 원 커피를 마시다 일주일에 세 번으로 횟수를 줄이면 5천 원×4회=2만 원을 평소보다 덜 쓰게 되는 셈입니다. 이 돈을 소비 통장이 아닌 푼돈 통장이라는 목적성 통장에 따로 관리하면 나만의 종잣돈을 만들 수 있습니다.

공돈 통장

자유 적금이나 비상금 통장이 좋아요. 공돈은 푼돈과 달리 발생 빈도가 낮고 종종 목돈으로 생길 수 있습니다. 몇 달 뒤 반드시 지출해야 하는 큰 금액을 일시적으로 묵혀둬야 한다면 입출금이 자유로우면서 적게나마 이자도 받을 수 있는 일명 '파킹 통장'이라고 불리는 통장이 낮습니다. 파킹 통장은 금융 회사에서 신규 및 기존 고객을 주거래 고객으로 전환시키기 위해 만든 상품으로 우리가 흔히 사용하는 일반적인 입출금 통장보다 금리가 높고 수수료가 면제된다는 장점이 있습니다. 돈만 보이면 쓰고 싶은 충동이 생긴다면 돈이 필요할 때를 생각해 3개월, 6개월 등 일정 기간 예금 통장에 묶어두는 것도 방법입니다.

반면 큰 금액보다는 통장 이자, 카드 환급액 등 소소한 금액을 모은다면 푼돈 통장처럼 자유 적금도 괜찮아요. 영화관에서 결제하면 10% 환급해주는 카드로 티켓을 구매하고 며칠 뒤에 통장으로 소액이 입금되었을 때 소비 통장에 그대로 둔 채 지출하는 데 섞어서 쓰는 것보다 이렇게 공돈 통장으로 옮기는 거죠. 목적에 따라 통장 선택도 달라집니다. 신용카드 청구일에 할인받은 금액이 차감되어 결제가 이뤄지면 별도로 할인 금액을 공돈 통장에 넣는 방법도 있습니다.

저는 10여 년 전부터 소액 푼돈, 공돈을 모으기 위한 스마트폰 적금을 개설했습니다. 1년 후 만기된 적금을 1년 예금 통장에 재예치하고 다시 새롭게 적금 통장을 만들어 푼돈과 공돈을 모으는 방식으로 진행하고 있죠. 이게 바로 푼돈, 공돈으로 목돈 모아 종잣돈을 만들어가는 과정입니다. 얼마나 될까 싶었던 돈이 1년간 모으면 60~80만 원 정도가 됩니다. 소소한 금액들을 모으는 것이다 보니 따로 계획을 하고 애를 쓰지 않아도 적지 않은 목돈을 만들 수 있게 된 거죠.

평소 공돈을 잘 활용하지 못했던 한 친구는 최근에 공돈 통장을 만들었습니다. 한 달에 평균 카드 환급 1만 원, 몇 개의 파킹 통장 이자 6천 원, 매달 말일에 스스로 산정하는

CMA 108쪽 참조 이자 1만 원, 온라인 설문 조사 활동 및 앱테크로 벌어들인 금액 5천 원 등으로 월 3만 원 정도가 생기는데, 이를 기존에 가지고 있던 빈 CMA 통장에 넣어놨다고 해요. 하지만 불규칙적으로 들어오는 소액 공돈에 이름을 붙여 따로 모으고 싶다고 했습니다.

그래서 저는 쉽게 재미를 느낄 수 있는 공돈 통장을 추천했어요. 친구도 꾸준하게 모아서 1년 예금 통장에 보태어 목돈을 만든다는 계획을 세웠습니다. 이렇게 따로 공돈을 관리함으로써 이 친구는 의도치 않게 한 달에 3만 원씩 적금하는 효과로 또 다른 목돈을 만들 수 있게 되었습니다.

이렇게 푼돈이나 공돈을 모으는 과정에서 가끔씩은 자신에게 관대해지기도 합니다. '하루에 커피 한 잔은 내 유일한 행복인데' 또는 '카드 환급받은 건 옷 사는 데 보태면 안 되나? 어차피 원래 없는 돈인데' 하고 말이죠. 하지만 이것저것 따지다 보면 결국 제자리걸음만 하게 됩니다. 하루에 커피 한 잔, 술 한 잔 덜 마시고 은행에서 받는 소액의 이자를 저축했다고 생활이 금방 드라마틱하게 달라지지는 않습니다. 푼돈과 공돈은 지루한 시간을 견뎌내야 쌓이고 굴릴 수 있는 목돈이 되기 때문이죠. 하지만 세월이 흐른 뒤 소액의 돈을 관리한 사람과 그냥 쓰고 싶은 대로 쓰고 산 사람이 갖고 있는 돈은 분명히 큰 차이가 난다고 재테크 선배들은 입을 모아 이야기해요. "티끌 모아 태산"이라는 말이 괜히 나온 게 아니랍니다.

재테크 Q&A

"매일 1~2천 원을 쓰는 습관, 못 고칠까요?"

A. 작은 습관만으로도 고칠 수 있어요! 단순해보이지만 반드시 오늘 쓸 현금만 지갑에 넣고 다니는 거예요. 요즘 현금을 갖고 다니는 사람이 많지 않지만, 여전히 현금만 받는 상점도 있고 만일을 대비하여 지갑에 어느 정도 현금을 가지고 다니는 분들도 계실 거예요.

지금 지갑에 현금이 얼마나 들어 있나요? 우선 지갑에는 오늘 당장 필요한 액수의 현금만 넣고 다니는 게 좋습니다. 지갑에 돈을 많이 넣어두면 며칠도 안 되어 돈이 얼마 남지 않은 걸 보게 됩니다. 쉽게 쓸 수 있는 돈이 눈에 보이면 자신도 모르게 소비 충동이 생기는 거예요. '아직 여윳돈이 있으니까' 이런 생각으로 굳이 안 해도 될 소비를 하게 되는 거죠. 특히 출퇴근길에 습관처럼 주전부리 하나씩 구입할 때 카드를 쓰기는 좀 그렇고, 현금으로 1 ～ 2천 원 쓰는 건 큰 소비처럼 느껴지지 않기 때문에 고민 없이 그냥 쓰게 되죠. 한두 번이야 괜찮지만 이게 습관이 돼 한 달 모아서 계산하면 큰 금액이 됩니다.

반면 지갑에 돈이 적게 남아 있으면 이런저런 상황을 고려하면서 좀 더 소비에 엄격해지게 됩니다. 용돈 또는 월급 받기 일주일 전 통장 잔고가 바닥이었을 때 수중에 남은 단돈 얼마로 버틴 기억이 한 번쯤은 있을 거예요. 그런 상황이 되면 커피도 줄이고, 지인들과의 약속을 다음으로 미루면서 한정된 돈을 최대한 필요한 곳에만 쓰며 버티죠. 처음에는 그렇게 어떻게 사느냐며 우는 소리를 하지만 또 살면 살아집니다. 아무리 큰돈이 있더라도 생각 없이 쓰면 금방 바닥이 나지만 푼돈을 소중히 하면 적은 돈으로도 며칠을 버틸 수 있습니다.

④
100원 벌어서
200원 쓰지 말자

    금리는 내려가고 물가는 계속 오르는 상황에서 돈을 모으는 게 쉽지 않죠. 하지만 다 같이 처한 현실이 그렇다면 불평하기보다는 현재 상황에 맞는 재테크부터 시작해 미래 재테크 계획을 세우는 것이 현명하겠죠.

    우선 현재 나의 돈 흐름을 파악해야 합니다. 현재 금리 연 2%인 파킹 통장151쪽 참조에 100만 원을 3개월간 넣어놓으면 세금을 제외하고 약 4천 5백 원의 이자를 받습니다. 석 달 동안 100만 원을 건드리지 않고 받은 이자가 음료 한 잔 값입니다. 그럼 고민하게 되죠. '하루 살기도 벅찬데 굳이 음료 한 잔 값 받기 위해 100만 원을 쓰지도 못하고 놔둬야 해? 그냥 음료수 한 잔 덜 사 마시면 되는 거 아닌가?'

그렇다면 재테크는 많은 돈이 있을 때 할 일이고 돈이 별로 없는 시기에는 저축보다 소비 중심으로 생활하면 되는 걸까요? 저축은 오히려 소득이 적을수록 시작하기 쉽습니다. 아무런 준비 없이 막상 큰돈이 주어지면 어떤 방식으로 관리해야 할지 막막하기 마련이죠. 이 시기에 눈 뜨고 코 베이는 일이 자주 발생합니다.

몇 푼 안 되는 소액으로 모으면 얼마나 모으겠냐는 회의적인 시선도 있지만, 종잣돈 모으는 방법은 처음부터 큰돈을 굴리기 위해서가 아니라 불필요한 소비를 줄여 저축 습관을 들이고 나에게 맞는 올바른 금융 상품을 선별하는 안목을 높이는 데 그 목적이 있습니다.

같은 돈도
똑똑하게 쓰는 법

재테크를 하면서 힘든 것 중 하나는 자신과의 싸움을 어떻게 극복하느냐입니다. 통장에 잔고가 바닥날 때까지 돈을 써야 직성이 풀린다면 무리하게 '저축'을 늘리기보다 조금씩 '지출'을 줄이는 게 우선입니다. 먼저 소비 통장에 한 달 또는 일주일 동안 사용할 금액만 놔두고 나머지는 고정 지출 통장이나 비상금 통장에 넣어 한정된 돈으로 생활하는 습관부터 만들어야 해요. 지난주 또는 지난달 가계부를 참고하여 미리 지출할 금액을 예상하면 더 좋아요. 소비로 얻는 즐거움을 줄이는 동시에 돈의 소중함을 느끼는 것이 필요하답니다. 사고 싶은 것이 있는데 혹시 돈이 부족할까 봐 미리 고정 지출 통장이나 비상금 통장에 있는 여윳돈을 소비 통장에 넣으면 절대 안 됩니다. 재테크에서 자기 자신에 대한 관대함은 절대 금물이에요!

카드 사용 외에 추가적으로 현금 소비가 잦다면 한 달 동안 쓸 현금을 미리 빼놓는 방법도 권할 만합니다. 상황에 따라서 현금이 필요할 때가 종종 있는데, 이때 당일에 ATM을 이용하는 것보다 이번 달에 현금을 쓸 수 있는 일정을 대략적으로 확인해 미리 돈을 빼놓으면서 현금 흐름도 함께 계획하는 방법이죠. ATM 수수료 면제 혜택을 믿고 아무 때나 편하게 돈을 뽑다 보면 이후 통장 정리를 했을 때 통장에는 'CD기 출금'으로만 표시될 뿐 그 돈을 어디서 왜 뽑아 썼는지 기억이 안 날 때도 많아요.

그리고 평소 한 달에 현금을 5만 원 정도 쓴다면 이벤트성 지출이 발생하는 일정이 있을 때는 2~3만 원 정도 추가로 갖고 있도록 합니다. 여분의 돈을 통장에 놔두는 것과 그렇지 않은 것은 계획성 있는 지출 유무를 판가름하는 기준이 됩니다. 또 가계부 이야기에서 봤던 낭비 항목을 줄여 모은 돈도 나중에 필요한 것을 살 때 도움이 되는 알짜배기 돈이랍니다.

재테크는 주식, 펀드처럼 거창한 것보다 일상생활에서 쉽게 실천할 수 있는 부분이 의외로 많습니다. 이런 식으로 소비하지 않아도 될 자잘한 푼돈을 아끼는 것이 바로 종잣돈 모으기의 시작입니다. 하루라도 어렸을 때 돈 관리하는 습관을 만든다면 또 하나의 경쟁력이 될 수 있어요.

요즘은 쇼핑도 외식도 참 편하게 할 수 있습니다. 휴대폰 하나만 있으면 그 안에 카드와 연결해서 쓸 수 있는 온갖 '페이pay' 어플이 있고, 휴대폰 소액 결제로도 너무 쉽게 소비할 수 있죠.

특히 경계해야 하는 건 '휴대폰 소액 결제'입니다. 소액 결제는 온라인상에서 상품을 구매할 때 휴대폰을 통해 본인 인증 후 금액을 결제하면 다음 달 통신 요금에 해당 구매 비용이 포함되어 청구되는 방식입니다. 신용카드 결제와 비슷해요. 결제 한도는 신용카드보다 적은 월 30만 원 정도인데, 각 통신사마다 소액 결제 한도가 다를 수 있으므로 확인해야 합니다. 휴대폰 소액 결제는 소비 조절을 잘한다면 유용한 결제 수단이 된답니다. 카드나 공인인증서 없이 편하게 이용할 수 있다는 장점도 있고요.

또 일정 금액 이상의 휴대폰 요금을 카드로 결제하면 전월 실적에 따라 청구할인 또는 환급받는 카드가 있는데, 이때 잘 계산해서 사용하면 할인을 받을 수 있어서 좋습니다. 예를 들어, 카드 혜택 중 통신비 할인을 받을 수 있는 조건 카드 사용액이 5만 원 이상인데, 순수 휴대폰 요금은 3만 원이 나왔다면 남은 2만 원을 소액 결제하여 혜택을 받을 수 있는 금액으로 맞추는 식입니다.

하지만 이렇게 쉽고 편한 게 큰 단점이 될 수도 있습니다. 체크카드처럼 계좌에 잔고가 있어야 결제되는 방식이 아니어서 생각 없이 사용하다 요금 폭탄을 맞을 수 있어요.

———————————— 가계부 작성을 통해 나의 하루 지출 현황을 돌아보면 이전에는 몰랐던 것들을 알게 됩니다. 처음에는 분명 필요한 소비만 한 것 같습니다. 대단한 걸 산 적도 없고 어차피 낭비할 만큼 돈이 많지도 않다고 생각하니까요. 하지만 하나씩 따져보면 의외로 안 써도 될 항목이 많이 보일 겁니다. 먼저 일상생활에서 쉽게 지나칠 수 있는 불필요한 소비부터 하나씩 줄여보세요.

수수료

아직도 길바닥에 돈 버리듯 수수료를 금융 회사에 꼬박꼬박 지불하고 있지 않은가요? 재테크를 시작한다고 다짐했다면 수수료 문제를 해결하는 것이 급선무입니다. 과거에 비해 금융 회사 수수료가 많이 낮아지긴 했지만 어차피 적은 액수라며 몇백 원 아낀 걸로 좋아할 것이 아니라 아예 수수료 0원, 면제를 당연시해야 해요.

인터넷·모바일 뱅킹, 폰뱅킹, ATM 등을 이용할 때마다 마주치게 되는 수수료에 민감하게 반응해야 합니다. 이때 수수료 면제되는 통장을 이용하면 까다로운 조건 없이 수수료가 면제됩니다 단, 은행에 따라 타 은행 간 자동이체 수수료는 부가되는 경우가 있음.

간혹 신용 또는 체크카드를 꾸준히 사용해도 인터넷·모바일 뱅킹 또는 폰뱅킹을 이용할 때 수수료가 붙어 난감할 때가 있습니다. 이렇게 수수료 면제 조건을 카드 혜택으로 알고 있는 경우가 많지만 몇 개 상품을 제외한 대부분 상품에서 수수료 면제는 통장과 연계되어 주어지는 혜택이랍니다. 계좌 수수료 면제 조건에서 계좌와 연계된 카드 결제 실적에 대한 언급이 없으면 아무리 카드를 긁어 실적을 채워도 계좌 이용 수수료는 부과돼요. 이를 모르고 신용 또는 체크카드 설명서에 있는 금융 수수료 면제 혜택만 기억하니 계속 수수료를 낼 수밖에 없는 거죠.

'B카드 결제 계좌가 A통장으로 지정되어 있으며 월 1회 카드 이용 실적이 있는 경우'라는 표현도 얼핏 보면 카드 혜택 같아 보이

▷ 우대조건 : 전월 다음 조건 중 한 가지 이상 충족하는 경우

① 신용(체크)카드 결제계좌 또는 사용계좌를 이 예금으로 지정하고 월 1회 이상 승인실적 보유
② A은행 적립식 상품(적금, 신탁, 펀드)으로 월 자동이체 합계 금액이 10만 원 이상인 경우
③ 이 예금으로 휴대폰요금 자동이체 시
④ 이 예금을 학자금대출 원리금 납부계좌로 등록한 경우

▷ 아래의 수수료(①+②) 월 합산 10회 면제 혜택 제공

① A은행 자동화기기 수수료 : 영업시간 외 현금인출 및 타행 이체 수수료
② 전자금융 타행 이체 수수료 : 인터넷뱅킹, 스마트뱅킹, 텔레뱅킹
※ 상품 신규가입 또는 상품 전환 후 다음다음 달 15일까지는 우대 조건과 상관없이 면제

▷ 수수료 면제 혜택은 이번 달 16일 생성되어 다음 달 15일까지 사용 가능

- 우대조건 미 충족 시 이번 달 16일부터 수수료 우대 혜택 중단
- 우대조건 재 충족한 경우 다음 달 16일부터 수수료 면제 혜택 다시 제공

지만 꼼꼼하게 읽어보면 계좌 혜택임을 알 수 있어요. 또한 C은행에서 D은행으로 타행 자동이체가 필요할 수 있습니다. 예를 들면, 고정 지출 통장은 C은행인데 적금 상품은 D은행일 때인데요. 다른 은행에서 자동이체 수수료가 면제되는 통장에 가입하는 방법도 있지만 사정상 어려울 때가 있답니다. 좀 부지런을 떨어야 하지만, 기존 C은행에서 효율적으로 수수료 면제를 이용할 수 있는 방법이 있어요. 만약 C은행 계좌에서 다른 은행 이체 수수료 면제 혜택을 지속적으로 받고 있다면 예약 이체를 설정하는 것이죠. 보통 최대 6개월 후까지 지정 가능하기 때문에 미리 이체일을 직접 입력하면 됩니다. 저는 52주 적금^{201쪽 참조}을 이체할 때 매주 금액이 달라지기에 예약 이체를 유용하게 사용하고 있어요. 단, 이체 날짜가 은행 영업일 때만 가능한 은행이 있으므로 예약 이체 설정하기 전에 꼭 확인해보세요.

연체료

대표적인 연체료 종류에는 후불 교통 요금, 핸드폰 요금, 도서관 책 미납 벌금 등 깜빡할 수 있는 것들이 있어요. 연체료 몇백 원쯤은 소액이라고 생각할 수 있지만 굳이 내지 않아도 될 금액을 지출할 필요는 없죠. 가계부를 작성하면 몇째 주에 교통 요금, 통신 요금이 빠져나가는지 알 수 있어 미리 고정 지출을 대비하여 돈을 넣어둘 수 있기에 연체될 확률이 낮아집니다. 조금만 부지런하게 움직여 안 내도 될 푼돈을 아끼는 습관을 만드는 것이 지금 우리의 목표입니다.

PART 3

재테크 시작 전 반드시 알아야 할 은행 상식

재테크를 잘하려면 은행과 친해져야 합니다. 힘들게 번 내 돈을 믿고 맡겨놓을
수 있는 금융 회사가 어디고, 어떤 상품이 내게 잘 맞는지도 스스로 공부해야 합
니다. 내 돈을 지키는 사람은 오로지 나뿐이란 걸 잊지 마세요.

주거래 은행의 불편한 진실

왜 이렇게 은행이 많아

금융 회사는 돈의 융통을 중개하는 곳으로 크게 제1금융권과 제2금융권으로 나뉩니다. 제1금융권은 우리가 익히 알고 있는 은행이에요. 시중 은행국민은행, 우리은행, 신한은행, 카카오뱅크, 케이 뱅크 등과 지방 은행부산은행, 대구은행, 광주은행 등, 특수 은행한 국산업은행, 농 협은행, 수협중앙회, 기업은행, 수출입은행이 있습니다.

제2금융권은 제1금융권을 제외한 금융 회사입니다. 은행법 적용을 받지 않으면서도 시중 은행과 유사한 기능을 담당하고 있어 '비은행 금융 기관으로도 불립니다. 새마을금고와 신용협동조합신협을 비롯하여 지역농협, 회원수협, 산림조합, 증권 회사, 종합 금융 회사, 상호저축은행, 보험 회사, 신용카드 회사, 리스 회사, 벤처 캐피털 등이 있습니다. 추가로 우체국과 한국은행은 국가 기관이에요.

돌다리도 두들겨 보고
건너야 하는 은행

———————————— 제1, 2금융 말고도 흔히 제3금융권이라고 부르는 대부업체가 있는데, 대부업체는 사실상 금융권이라고 이름 붙이면 안 됩니다. 대부업체라는 것에 대한 거부감을 없애기 위한 노림수로 '금융권'이라고 붙이고, TV 광고도 친근한 콘셉트로 만들어서 소비자들을 혼란스럽게 하지만 절대 일반 금융 회사와 비슷하게 생각해선 안 됩니다.

그리고 한때 재테크 책에서 빠지지 않고 등장하던 게 있죠. 바로 '저축은행'입니다. 하지만 몇 년 전, 유명 저축은행이 도산하는 사태가 발생하면서 인기가 예전 같진 않아요. 저 역시 이 책에서 다루지 않고요. 이유는 제가 바로 피해자였기 때문입니다.

2011년 T저축은행이 영업 정지되기 전까지 저는 저축은행 애호가였습니다. 하지만 저축은행에 정기 예금을 넣은 지 두 달 만에 영업 정지라는 사건이 터졌어요. 소식을 듣기 전까지 '설마 여기가 망하겠어'라는 생각과 해당 은행의 직원 역시 안전하다고 했는데, 우려가 현실이 되는 순간이었습니다. 엄청난 충격과 혼란 속에 부랴부랴 가지급금을 신청해서 받았고, 이후 저축은행에 대한 미련을 깨끗하게 버리고 돌아섰습니다. 하지만 혹시라도 저축은행에 대해 궁금해 하실 분들을 위해 간단하게만 짚고 넘어가겠습니다.

저축은행은 대부업체보다 신용도가 높은 서민 대상 금융 회사로 보통 제1금융권보다 높은 금리를 제공합니다. 저축은행을 이야기할 때 자주 등장하는 BIS 비율은 국제결제은행이 제시한 자기 자본 비율로 금융사의 건전성 지표인데요. 자기 자본이 많거나 위험한 자산이 적을수록 BIS 비율은 높아집니다. 저축은행의 경우 BIS 비율이 기준에 미달하면 금융 당국에서 단계별 적기 시정 조치를 내릴 수 있어요. 만약 경영 개선 명령을 받으면 6개월 이내 영업 정지를 비롯해 제3자에 의한 인수 등 강도 높은 구조 조정 절차를 밟게 됩니다. 그래서 BIS 비율을 허위로 보고하는 저축은행이 빈번해 요즘은 그냥 참고용으로 쓰이고 있습니다.

저축은행 역시 제1금융권처럼 5천만 원까지 원금과 소정의 이자가 보호됩니다. 또한 영업 정지가 되었을 경우 1인당 2천만 원 한도로 가지급금을 받을 수 있어요. 이런 보호 장치가 있으니 안심하고 제1금융권보다 금리가 높은 저축은행을 이용하라고 권하는 글을 흔하게 볼 수 있습니다. 하지만 높은 금리만 생각하지 말고 다른 부분도 꼼꼼히 알아봐야 합니다. 추가로 후순위채권은 예금자보호 보장을 받을 수 없으니 금융 상품 가입할 때 주의하세요.

재테크 서적, 기사 등에서 자주 보는 단어인 '주거래 은행'. 주거래 은행 고객이 되면 혜택이 많다는 말을 어디선가 들어서 한 은행만 집중 거래해야 할 것만 같은 압박감이 듭니다. 하지만 전반적으로 금융 회사와 금융 상품에 대해 알고 직접 경험해보면 20~30대 때 은행을 한 군데만 정해놓고 거래하는 것은 어리석은 일임을 깨닫게 됩니다. 그럼 어떤 은행과 어떻게 거래를 해야 할까요?

일단은 본인 생활 반경에서 가까운 곳에 위치한 은행, 또는 통장 및 카드 혜택을 효율적으로 사용할 수 있는 은행과 거래하는 것이 좋습니다. 요즘은 비대면으로 가입도 편리해져 고를 수 있는 은행의 선택 범위가 더 넓어졌어요. 만약 그 은행을 이용하다 생각보다 별로라면 다른 은행도 이용하면서 추후 진짜 주거래 은행이 필요할 때 거래할 수 있도록 은행 리스트를 넓히는 것이 바람직합니다.

간혹 여러 은행에 계좌를 만들면 신용 등급이 떨어지는 거 아니냐는 질문도 받아요. 하지만 일반 통장이나 체크카드를 해지했다고 신용 등급이 떨어지지는 않습니다. 하지만 신용카드의 잦은 해지와 가입은 문제가 될 수 있으니 주의해야 합니다. 20~30대 때는 상대적으로 다양한 경험을 할 수 있는 시간이 많습니다. 주거래 은행도 마찬가지라고 생각해요.

주거래 은행의 사전적 의미는 "어떤 기업의 거래 은행 가운데 가장 많은 돈을 융자하여 주고 자본 관계뿐만 아니라 인적·정보적으로도 밀

접한 관련이 있는 은행"이라는 뜻이에요. 뜻을 보면 개인보다는 큰 금액이 거래되는 기업과 연관성이 있습니다. 하지만 어느새 개인에게까지 그 의미가 확대되어 필요 이상으로 어떤 은행으로 주거래 은행을 해야 혜택이 더 많을지 고민하며 아까운 시간을 허비하고 있어요. 낮은 대출이자, 수수료 면제, 금리 우대, 환전 우대 등을 받을 수 있다는 기대에 오랜 시간 한 은행의 고객이기를 자청합니다. 거래만 오래하면 된다는 믿음 하나로 말이에요.

A은행에 20년 이상 거래하던 저 역시 그런 생각을 가지고 있었지만, 환전 우대를 받으러 갔다가 생각을 바꾸게 되었어요. 한 은행에서 20년 넘게 거래했기 때문에 장기 고객, 주거래 은행 고객이라고 생각했죠. 그래서 60% 환전 우대 쿠폰을 제시하면서 조금 더 우대를 해달라 요청했습니다. 직원은 "고객님, 등급이 높지 않은 관계로 70%까지 해드릴 수 있어요"라고 말했어요. 반면, 태어나서 한 번도 거래가 없었던 B은행에 가서 홈페이지에서 발급받은 70% 환전 우대 쿠폰을 내밀며 A은행에서 했던 것처럼 추가 우대 요청을 했습니다. 결과는 90% 환전 우대를 받았죠. 주거래 은행이 처음 가본 은행보다 못하냐며 혼자 화를 냈는데, 정작 A은행에서는 저를 주거래 고객으로 생각하지 않았던 거예요. 한마디로 저 혼자 착각하고 있었던 거죠. 그리고 이제는 굳이 은행을 방문하지 않아도 온라인에서 혜택이 더 많거나, 은행 홈페이지와 앱에서 보다 쉽게 혜택받으면서 환전할 수 있습니다. 그러니 더더욱 주거래 은행에 집착할 필요가 없습니다. 사회초년생부터 주거래 은행을 고집할 필요는 없어요. 많은 곳에서 다양한 상품을 경험해보세요.

───────────── 은행마다 등급 산정 방식은 조금씩 다르겠지만 한 은행 등급 기준을 예시로 들면 주거래 은행 고객은 최근 3개월 거래 실적에 따라 선정하며, 우대 기간은 선정일로부터 6개월입니다. 이 말은 기간 실적에 따라 등급이 좌우지될 수 있다는 것입니다. 또한 주거래 은행 고객 혜택 중 흔히 언급되는 적금 0.1% 우대 이율을 받으려면 은행 자체 등급 평점 4천 점 이상과 자산 1천만 원 이상이어야 합니다. 여러 평점 항목 중 거래 기간도 있지만, 1년당 10점 최고 300점으로 30년 이상 거래했다고 해도 100% 평점 항목에서 7.5%를 만족시킬 뿐입니다. 따라서 장기간 거래 하나로 주거래 고객 혜택을 바라는 것은 금융 거래를 오래하지 않은 사람에게 아직 이르다고 할 수 있어요. 오히려 파킹 통장, 가끔씩 출시하는 특판 상품, 수수료 면제 통장을 활용하는 방법이 좋을 수 있습니다.

주거래 은행은 자주 거래하는 은행 정도로 생각하면 될 것 같아요. 간혹 정말 괜찮은 금융 상품이 있는데 단지 주거래 은행 상품이 아니라는 이유로 거부하는 사람들도 있어요. 그럴 때면 "주거래 고객이라고 혜택받은 것은 있나요?"라고 묻고 싶어요.

물론 아무 은행이나 거래하라는 의미는 아니에요. 어차피 당장 은행이 원하는 주거래 은행 우대 고객 기준에 부합되지 않는다면 우리가 필요한 혜택이 있는 시중 은행의 금융 상품을 최대한 다양하게 이용해보는 것이 좋다는 겁니다. 그중에서 많이 사용하는 통장과 카드에 해당하는 은행을 꾸준히 거래하며 자연스럽게 주거래 은행으로 만들면 됩니다. 그러면 몇 년 후에는 거래 실적과 거래 기간이 쌓여서 진짜 VIP 고객 요건에 가까워져 있을 거예요.

"금융 상품 권유 전화에 올바른 대처 방법이 있을까요?"

A. 그럼요. 물론 있습니다. 여러분도 전화로 걸려오는 금융 상품 권유 마케팅 한 번쯤은 경험해보셨죠? 그 유혹에 못 이겨 가입했을 수도 있습니다. 흔히 TM이라고 하죠. 이는 은행 상품이나 쇼핑몰에 가입하면서 '개인 정보의 선택적 제공·이용에 관한 사항'에 '동의'했기 때문입니다. TM을 거부하려면 개인 정보 수집·이용 및 제공 동의서의 선택적 정보 동의에 관한 내용을 읽어보고 보험 또는 카드 마케팅 관련 부분이면 '동의하지 않음'에 체크하면 됩니다. 거부했다고 해서 금융 거래와 관련된 불이익은 없어요.

만약 가입 당시 개인 정보 활용에 동의했다면 마케팅 활용 중지 청구권 제도를 이용하세요. 개인 정보가 마케팅 업체로 넘어가 상품 등을 소개 및 구매 권유하는 전화가 오는 것에 대하여 해당 업체에 중지하도록 요구할 수 있습니다. 홈페이지, 유·무선 통신, 서면 등으로 신청 가능해요.

영업점이나 인터넷에서는 관련 상품에 대해 충분히 설명을 듣거나 후기 등을 찾아볼 수 있습니다. 하지만 전화로는 제약이 많기 때문에 상품 가입할 때 더욱 신중하게 결정해야 합니다. 지금 본인이 잘 사용하고 있는 카드나 상품들 중에 TM으로 가입한 것은 몇 개나 되는지 생각해보면 훨씬 이해하기 쉽습니다.

그래도 정말 좋은 상품인 것 같다면? 전화상으로 바로 가입하지 말고 상품명을 메모해뒀다가 따로 검색해보고 결정해도 늦지 않아요.

2
금융 회사도
사기업이다

아는 만큼

보인다

통장과 카드를 만들기 위해 금융 회사를 이용할 때 여러분은 어떤 유형에 가까운가요? 첫 번째 유형은 사전에 정보를 알아보지 않고 무작정 금융 회사에 방문해서 통장, 카드 등 금융 상품을 추천받습니다. 고민 없이 만든 카드를 한동안 사용하다 본인의 소비 패턴과 맞지 않음을 깨닫고 그제야 상품 설명서를 찾아봅니다.

두 번째 유형은 통장과 카드 발급을 위해 몇 날 며칠 자료 조사를 하고 은행에 갑니다. "고객님 나이대는 A카드보다 B카드를 더 많이 쓰는데, 왜 이거 사용하려고 하세요?", "△△통장이 있으면 □□통장은 동일한 혜택이어서 발급이 안 돼요. 그것보다 금리가 높은 상품이 있는데 가입하고 적금하듯 저축하면 돼요." 직원의 이런 이야기에 열심히 세운 계획은 다 버리고 추천받은 대로 상품을 가입합니다. 보통 비대면 거래보다 금융 회사에 직접 방문했을 때 이런 상황이 발생하죠.

금융 회사도 사기업입니다. 회사 이윤과 수익을 위한 판촉은 당연한 활동입니다. 만약 첫 번째 유형처럼 아무것도 모르는 상태에서 금융 회사에서 권유한 상품에 가입했다면 다음에 정확하게 공부하고 본인이 원하는 상품을 요구하면 됩니다. 반면, 충분히 금융 상품에 대해 공부하고 갔음에도 모든 걸 잊고 팔랑 귀처럼 권유에 넘어갔다면 시간 낭비, 체력 낭비 등 여러모로 손해를 본 셈입니다. 반드시 고쳐야 할 부분입니다.

모든 상품은
'나'를 중심으로

또 하나 짚어봐야 할 게 있어요. 두 번째 유형에서 나온 직원의 말에 잘못된 점이 곳곳에 있는데, 혹시 알아채셨나요? 우선 비슷한 나이대 사람들이 많이 쓰는 카드라고 해서 무작정 선택하면 안 됩니다. 본인의 소비 패턴에 맞는 카드를 골라야 해요.

'2030을 위한 카드', '사회초년생 필수 카드' 같은 말로 포장된 카드가 많습니다. 금융 회사가 2030, 사회초년생을 위해 만든 카드라도 정작 나에게 필요한 혜택은 없을 수 있습니다. 그리고 이미 사전 조사를 충분히 하고 상품을 결정해서 갔는데 직원이 제대로 확인하지 않고 조건이 안 된다며 가입을 거부하는 경우도 간혹 있습니다. 또 적금과의 차이를 제대로 설명하지 않은 채 높은 금리만 강조하며 적금 대신 주택청약 관련 상품 가입을 권유하는 경우도 있습니다. 그러므로 무조건적인 신뢰보다는 가끔 냉정하게 판단할 필요가 있습니다. 누구보다 '내'가 사용하는 상품이니까요.

상품 권유 받았을 때 유형별 대처법

확고한 의지형

평소 금융 상품은 다른 사람의 추천만 믿고 가입하지 않겠다는 군건한 마음을 갖는 방법이에요. 그러지 않으면 '한번 써볼까' 하는 생각에 어느새 상품에 가입하고 있는 모습을 발견하게 됩니다. 의지가 확고하다면 온라인에서 베스트 상품 유혹에 흔들리지 않고, 직원이 제시하는 상품 팸플릿에서 형광펜으로 표시된 혜택 부분을 뛰어넘어 통합 할인 한도 및 전월 실적, 최소 결제 금액 위주로 확인하는 습관을 만들면 됩니다.

남들보다 의지가 확고한 A씨는 자유 입출금 통장을 발급받으려 은행에 방문했어요. 분명 처음부터 통장 신규 개설을 하겠다고 했지만 직원은 은근슬쩍 xx카드 가입 신청서도 함께 제시했습니다.

😐 카드는 안 만들 건데 이거 주셨네요.

🙂 xx카드는 1회만 사용해도 금리 우대를 받을 수 있고, 혜택도 다양해서 고객님 연령대에서 많이 써요.

😐 저는 다른 방법으로 금리 우대를 받으려고 해서요.

🙂 금리 우대 외에도 영화관, 교통비, 외식비 등 할인 혜택을 많이 얻을 수 있으실 텐데요.

😐 저는 외식을 잘 안 하거든요. 한다고 해도 더치페이해서 최소 결제 금액을 채우지 못 해요. 영화관도 여기 제시되어 있는 금액 1만 원 이상 결제에 해당되지 않고, 교통비도 이미 다른 카드로 혜택을 받고 있어요.

🙂 아, 고객님 소비 패턴하고는 잘 안 맞나 보네요. 다른 고객님들은 많이 가입하시는데….

상품빠삭형

아무리 좋은 상품을 권해도 직접 알아보기 전까지 가입하지 않는 방법이에요. 물론 현재 본인이 사용하는 금융 상품에 대해 확실히 알고 있어야 상품 권유에도 현명하게 대처할 수 있습니다.

평소 본인이 사용하는 금융 상품 정보만큼은 빠삭하게 알고 있는 B씨는 현재 사용 중인 체크카드를 재발급하기 위해 은행에 갔습니다. 마침 직원이 기존 체크카드를 다른 카드로 바꿔볼 생각이 없느냐며 상품 설명서를 건네줍니다.

이번에 아예 카드를 바꿔볼 생각 없어요? 체크카드와 신용카드 복합 기능에 디자인도 예쁘게 나와서 인기가 많아요.

아직 신용카드는 생각 안 해봐서요.

그냥 체크카드라고 생각하면 돼요. 주택청약 실적으로 신용 기능을 넣고 가입이 가능해서 그래요. 처음에 5만 원 이상 결제하고 3개월에 30만 원 사용하면 1년 연회비가 면제돼요. 그 정도 쓰잖아요. 혜택은 보시다시피~

전혀 생각한 적이 없어서 지금은 좀 그렇고 나중에 할게요.

이 카드가 지금 쓰고 있는 체크카드보다 혜택이 더 좋은 것 같지 않아요?

지금 쓰고 있는 건 통신비 할인이 되는데, 이건 없네요.

아, 통신비 할인이 필요하시구나. 다음에 카드 새로 만들 때 꼭 오세요.

갈팡질팡형

은행을 가기 전에는 다른 사람이 추천하는 상품에 넘어가지 말고 원래 계획했던 상품만 가입하고 오자며 다짐합니다. 하지만 막상 직원 앞에 서면 왜 그렇게 한없이 작아지는지 마음도 약해집니다. 앞서 소개한 두 가지 유형처럼 거절할 용기가 없다면 "다음에 생각해보고 결정할게요" 이 대사를 활용하면 됩니다.

상대방에게 미안해하지 마세요. 그들이 직원으로서 해야 할 일을 하듯이 우리도 소비자로서 의사 표현을 하는 것이 당연한 거니까요.

3

내 돈은
누가 지켜주나요

재테크에 관심이 많지 않거나, 잘 모르는 사람들은 금융 회사에서 권하는 상품을 이것저것 들고 그제야 가입한 상품에 대해 알아봅니다. 늦으면 몇 년 뒤 급하게 돈이 필요한 때가 되어서야 알아보기도 해요. 그리고 인터넷으로 찾아본 후기를 종합한 결과 바쁜 시간을 쪼개서 만든 금융 상품이 정작 본인에게 별 도움이 안 된다는 것을 알게 되죠. 그때의 쓸쓸함은 말로 표현하기 힘들 정도랍니다. 매번 누군가에게 속고 당하는 재테크, 똑소리 나게 할 수 있는 방법은 없을까요?

재테크는
물건 고르기와 같다

—————————— "해도 모르겠고 봐도 무슨 말인지 이해가 안 돼요." 주변 지인들이 아직도 재테크를 하지 않는 큰 이유 중 하나랍니다. 여러분도 공감한다고요? 처음부터 쉽게 재테크를 시작하는 사람은 거의 없습니다. 마냥 어렵게만 느껴지기도 하죠. 하지만 생각을 바꿔 재테크 관련 상품을 우리가 사용하는 물건이라고 생각한다면 한결 친근하게 느껴질 거예요.

자세한 비법을 알려주기 전에 잠깐 질문 하나 할게요. 여러분은 보통 화장품, 카메라, 핸드폰, 옷, 노트북 등을 구입할 때 무작정 사고, 나중에 상품 정보나 사용 후기 등을 보시나요? 아니지 않나요? 구매 전에 후기 및 장단점, 비슷한 제품과의 비교 등을 통해 그때만큼은 그 물건에 대해 준전문가라고 할 수 있을 정도로 정보를 수집하지 않나요? 이렇게 사전 조사가 끝나도 부족해서 직접 테스트하기도 하고, 매장 진열 상품을 만져보거나 입어보면서 나에게 딱 맞는 물건을 선택하잖아요.

재테크도 마찬가지예요. 하지만 아직도 많은 이들에게 재테크는 관심 밖의 영역입니다. 어렵고 복잡할 것 같다는 편견 때문에 평생 함께해야 할 재테크를 뒤로 미루고 소홀히 여기죠. 그러면서 필요 없는 금융 상품에 가입하는 등 실수하는 일이 늘어나는 악순환이 반복됩니다. 몇 만 원짜리 물건을 살 때도 온갖 상품 후기 읽고 따져본 다음에 사면서 매달 적지 않은 돈을 넣어야 하는 장기 금융 상품은 남이

해주는 짧은 설명만 듣고 거절할 용기가 없어 너무 쉽게 가입하는 것을 주위에서 흔하게 볼 수 있어요.

시행착오의 피해자가 되지 않는 방법은 간단해요. 물건 살 때의 열의와 관심을 재테크에서도 보이면 됩니다. 쇼핑몰에서 원피스 카테고리 구경하듯 은행 홈페이지에서 통장 카테고리를 살펴봅니다. 또한 A립스틱, B립스틱의 장단점을 비교하는 것처럼 C체크카드, D신용카드를 비교하며 본인에게 맞는 금융 상품을 틈틈이 찾아 공부하면서 눈에 익히면 돼요. 이렇게 했는데도 직원 앞에만 가면 공부한 것이 아무것도 기억나지 않는다면 메모지에 가입할 상품을 적어가 그대로 읽어주는 센스를 발휘하세요. 저도 매번 적어간답니다. 전혀 부끄럽지 않아요. 잘못된 상품에 가입해서 돈, 시간, 노력을 버리는 것보다 훨씬 낫습니다.

사전에 충분히 알아봤음에도 불구하고 직원이 안 된다고 하는 경우도 있습니다. 금융 회사 직원들도 다양하고 많은 금융 상품을 다루다 보니 가끔 헷갈리거나 실수할 때가 있더라고요. 그때는 당황하지 말고 '지인은 이렇게 사용한다', '인터넷 사용 후기에서 봤다' 등 본인이 알아본 방법에 대해 똑 부러지게 설명하면 직원이 다시 찾아보면서 해결이 된답니다. 오히려 직원들이 우리에게 상품에 대해 알아보고 왔다며 칭찬하기도 해요. 다양한 금융 상품에 대해 공부했던 걸 떠올리며 자기 자신을 믿으세요. 금융 회사에서 상품 가입하는 건 인터넷으로 쇼핑하는 것과 다를 게 없어요.

———————— 첫째, 직원과 마주하고 앉는 순간부터 뒤는 돌아보지 마세요. 뒤에 많은 사람들이 기다리는 걸 보면 최대한 빨리 업무를 끝내야 할 것 같아 초조해지더라고요. 하지만 본인도 업무를 위해 몇 분, 몇십 분을 기다려서 앉은 자리인 만큼 그 시간을 최대한 활용할 권리가 있습니다. 금융 회사에서 오래 업무 본다고 해서 뭐라고 하는 사람 없습니다. 마음을 편안하게 가지는 것이 실수를 줄이는 비법이에요.

둘째, '직원이 다 알아서 해주겠지'라는 생각은 버리세요. 업무 볼 때 넋 놓고 있으면 안 됩니다. 제 지인은 창구에 앉아 직원이 처리해주는 것만 기다리다 통장을 받아온 적이 있는데 집에 와서 봤더니 인터넷 뱅킹 가입이 안 되어 있었대요. 당장 인터넷으로만 가입할 수 있는 적금을 가입하려던 차였는데 업무 시간은 이미 마감되어서 다음 주에 따로 시간을 내 다시 방문해야 했어요. 그리고 며칠 사이에 가입하려고 했던 적금의 금리까지 떨어지고 말았답니다.

본인에게 필요한 것은 직원에게 반드시 따로 요청하고 잘 처리되었는지 확인해야 합니다. 은행마다 다르지만 인터넷 뱅킹 신청, 통장으로 ATM 출금, 카드로 ATM 출금 등 부수적으로 따로 신청해야 하는 곳도 있어요. 직원이 알아서 체크해주는 경우도 있지만 안 그러는 경우도 심심찮게 있답니다. 그러므로 상품 가입 신청서 작성 후 직원에게 제출하면서 이렇게 말하세요.

"인터넷 뱅킹 사용하고 통장이랑 카드 ATM에서도 출금 가능하게 해주세요. 그리고 오늘 가입한 상품들 설명서도 챙겨주시고요."

"은행만 가면 덜덜 떠는 나, 어떤 게 문제일까요?"

A. 이런 분들이 생각보다 정말 많아요. 아마도 본인은 잘 몰라서 경직돼 긴장하는 경우일 거예요. 여러분은 금융 회사에서 업무를 보고 난 후 어떻게 행동하나요?

❶ 업무 보고 받은 서류를 대충 가방 안에 쑤셔 넣고 서둘러 금융 회사를 빠져나온다.

❷ 업무 본 서류를 손에 들고 대기 좌석에 앉아 다시 한 번 확인한다.

아마 대부분 첫 번째와 같을 거예요. 딱히 약속도 없으면서 뭐가 그리 바쁜지 허겁지겁 은행을 빠져나오죠. 그리고 그날 저녁 새로 발급받은 체크카드로 ATM에서 돈을 인출하려고 했더니 사용할 수 없는 카드라고 합니다. 직원에게 말한 거 같은데 깜빡하고 신청을 안 했나 봅니다. 하는 수 없이 다음 날 시간을 쪼개 또 은행에 갔지만 어제보다 대기 인원이 더 많습니다. 이외에도 카드에 영문 이름이 잘못 기재된 것을 집에 와서 발견하는 등 여러 사례가 있습니다. 은행에 한 번 가는 것도 시간을 꽤 소비하는 일인데, 똑같은 일로 두 번 가는 건 정말 낭비 아닐까요? 특히 비대면으로 처리할 수 없는 업무는 이런 일이 발생하면 본격적으로 재테크를 시작하기도 전에 힘부터 빠져요.

앞으로는 볼일이 끝났더라도 3분만 쉬어가길 권합니다. 새로 발급받은 통장과 카드에 기재된 이름특히 영문 등 기본 정보를 확인하고, ATM 입출금 신청을 했다면 ATM에서 제대로 되는지 확인해보는 습관을 들이세요. 저는 통장, 카드를 받으면 제가 신청한 상품인지 이름을 꼭 확인하는데 간단한 행동이지만 사소한 실수는 확실히 줄어듭니다.

PART 4

통장 활용의
모든 것

나에게 꼭 필요한 통장과 예·적금만 잘 가입해도 성공적인 재테크를 하고 있는 것입니다. 특히 2030 청년, 사회초년생을 위한 금융 상품은 아주 좋은 혜택을 주고, 딱 그 시기에만 가입할 수 있는 상품이니 잊지 말고 가입하세요.

1

내 통장을
소개합니다

제가 중학교 1학년이 되었을 때 부모님은 제 이름으로 첫 저축 예금 통장을 하나 만들어주셨습니다. 그 이후 저의 중·고등학교 시절을 쭉 함께한 그 통장에는 고등학교 졸업 당시 100만 원이 넘는 돈이 있었어요. 하지만 받은 이자는 너무 적었죠. 적은 이자에 세금까지 붙는 걸 보고 여러 생각이 들었습니다.

'이자가 이렇게 적은데, 왜 사람들은 저축하라는 걸까? 적은 금액이라도 받기 위해서? 그래, 가만히 있는 것보다 조금이라도 받는 게 낫지.'

신입생이 된 저는 절제하지 못하고 돈을 써버려서 100만 원을 뺀 남은 돈을 3개월 만에 다 써버렸습니다. 100만 원은 차마 쓸 수 없어서 다행히 남아 있었어요. 이렇게 자체적인 개인 파산을 경험한 후 이대로는 미래도 크게 달라지지 않을 거라는 생각이 들어 돈을 모으는 습관을 들여야겠다고 다짐했습니다.

저축하려면 통장이 있어야 하는데, 너무나 적은 이자를 받았던 통장에는 돈을 넣고 싶지 않아서 망설여졌습니다. 때마침 친구의 아버지께서 A은행에서 근무하고 계셨고, 겸사겸사 친구와 함께 A은행에 방문했습니다. 사실 A은행 방문이 처음은 아니었습니다. 대학교 입학하기 전 고등학교 3학년 때 친구들과 아르바이트 월급 통장을 만들기 위해 가본 적이 있었거든요.

> 아르바이트 월급 받는 통장 만들려고 하는데요.
>
> 보통 통장이요?
>
> 보통 통장? 잘 모르겠는데… 그냥 일반적으로 많이 쓰는 통장이요.

제 손에 쥐어진 통장은 'A은행 보통 예금 통장'. 어찌어찌하다 보니 아르바이트는 하지 못했고, 그 통장은 부모님이 주시는 용돈을 넣어두는 용도로 사용했습니다. 분명 통장 앞면에 이자가 3개월마다 지급된다고 명시되어 있지만 이자는 안 들어왔습니다. '역시 A은행도 똑같은 은행이구나. 자유 입출금 통장은 어떻게 돈을 모아도 이자를 받을 수 없나 보다' 하고 생각했습니다. 그렇게 6개월이 지나 다시 은행을 간그날, 친구 아버지께서 제 통장을 살펴보시더니 말씀하셨어요.

😊 너 왜 이 통장을 쓰니?

😅 네? 그 지점에서 통장 만들어달라니깐 이거 만들어주던데요. 아저씨, 근데 원래 은행에 돈 넣으면 이자 못 받아요? 얼마나 돈을 넣어야 받을 수 있는 거예요?

😊 이 통장을 쓰니깐 못 받지! 이자 받을 수 있는 통장으로 바꿔줄게.

구구절절한 사연으로 새롭게 만난 A은행 파킹 통장. 통장 상품 설명서를 보니 기존에 갖고 있던 보통 예금 통장 이율과 금리 차이가 있었습니다. 또한 바꾼 통장은 이자를 받는 조건도 크게 까다롭지 않았습니다. 그날 이후 모든 통장이 똑같지 않고, 정보를 모르는 사람은 손해를 본다는 걸 깨닫게 되었죠. 그리고 은행에 다녀오고 나서 저는 시중 은행의 비슷한 조건과 혜택을 가진 모든 통장을 찾아보게 됐습니다.

자유
입출금 통장

——————————— 이름 그대로 자유롭게 돈을 입금, 출금할 수 있습니다. 그래서 용돈 통장, 소비 통장, 비상금 통장, 목적 통장 등 다양한 용도로 활용 가능해요. 보통 자유 입출금 통장은 금리가 낮습니다. 하지만 최근에 일반 통장과 비교했을 때 금리가 높고 수수료 면제 조건도 있는, 친구 아버지께서 추천해주셔서 제가 가입했던 파킹 통

장이라고 불리는 특화상품도 있습니다. 유난히 금리가 높은 고금리 입출금 통장도 있지만, 조건이 까다롭고 숫자 놀이로 고객을 현혹하는 부분도 있으므로 가입할 때 꼼꼼히 따져보는 것이 중요합니다.

일반 자유 입출금 통장

보통 예금 혹은 저축 예금으로 불리는, 금리가 연 0.1% 정도인 저금리 통장입니다. 금리도 낮고 수수료 면제 조건마저 까다로운 상품도 있어 목돈을 그냥 묵혀두는 통장으로 사용하지는 않습니다. 일반적으로 소액을 넣어두는 소비 통장으로 활용합니다.

고금리 입출금 통장

높은 금리를 준다고 하지만 자세히 살펴보면 우대 조건이 까다롭거나 예치 기간에 따른 금리 변동 등 부수적인 사항이 존재하는 경우가 있습니다. 그러므로 가입하기 전에 금리만 볼 것이 아니라 상품 설명서를 제대로 읽어봐야 합니다.

파킹 통장

가입할 수 있는 조건에 해당된다면 갖고 있는 것이 여러모로 좋은 통장입니다. 초기에 재테크를 할 때 효율적으로 이용할 수 있습니다. 무엇보다 통장 혜택에 관한 조건이 까다롭지 않고, 금리도 일반 입출금 통장에 비해 높습니다.

적금 통장

———————————— 납입 기간을 정해 통장에 꾸준히 저금하여 만기 때 원금과 이자를 받는 저축 상품입니다. 돈을 넣으면 해지하지 않는 이상 만기일까지 뺄 수 없기에 돈이 있으면 쓰기 바쁜 사람이 돈 모으기에 적합한 통장입니다. 평균 잔액으로 이자를 산정하는데, 저금하는 기간 동안 매달 내는 금액의 이자를 기간별 거치 기간에 따라 평균을 나눠 지급합니다.

적금은 정기 적금과 자유 적금으로 나눌 수 있어요. 정기 적금은 한 달에 한 번씩 정해진 날짜에 일정한 금액을 가입 기간 동안 저금하는 상품입니다. 대부분 자동이체일을 지정하여 매달 자동으로 빠져나가게 하죠. 자동이체일을 지정하지 않았다면 매달 입금일에 맞춰서 돈을 넣으면 됩니다. 적금을 자동이체로 설정해놓으면 용돈이나 월급을 받더라도 적금 금액이 강제 로그아웃이 되기에 처음 저축을 시작할 때 부담될 수 있지만 만기가 되면 굉장히 뿌듯합니다.

저는 매년 여행 자금을 모으기 위한 통장으로 정기 적금 상품을 만들어 저축하고 있습니다. 자유 적금은 한 달에 여러 번, 금액 제한 없이 자유롭게 저금하는 상품으로 매달 일정한 금액을 넣지 못할 때 주로 사용해요. 푼돈이나 공돈을 모으는 통장으로 활용하기도 합니다. 자유로운 대신 강제성이 떨어져 종종 가입한 날에만 한 번 넣고 만기 때까지 한 번도 추가 입금을 안 하는 경우가 생긴다는 단점이 있죠. 그래서 요즘 나오는 자유 적금 상품은 별도로 자동이체를 추가할 수도 있습니다.

보통 자유 적금보다 정기 적금 금리가 더 높습니다. 왜냐하면 정기 적금은 매달 일정한 날짜에 정해진 금액이 계좌로 입금되지만, 자유 적금은 꾸준히 20만 원을 넣다가 이번 달은 5만 원만 넣는 등 날짜와 금액이 불규칙하기 때문이죠. 그러므로 일정 금액을 가입 기간 동안 지속적으로 저금할 수 있다면 굳이 자유 적금을 납입할 이유는 없습니다. 반대로 일정 금액을 넣기 힘들다면 자유 적금으로라도 만기까지 유지하는 것이 중요하겠죠. 적금 이자에 대해서 알아볼까요?

• 적금 이자 = 한 달에 넣는 액수 × 12 × (납입 개월 수 + 1)/2 × 연이율/12

매달 10만 원씩 연 3% 정기 적금에 1년간 저축하면 원금 합계가 120만 원이므로 이자는 120만 원의 3%인 3만 6천 원이라고 생각하기 쉬워요. 하지만 표를 보면 이자 합계는 세전 1만 9,500원으로 생각했던 이자의 반 정도밖에 안 됩니다. 이는 다음의 예시를 보면 쉽게 이해할 수 있습니다.

우선 처음 1회 때 납입한 10만 원은 12개월 동안 은행에 예치되므로 3% 이자를 다 받을 수 있습니다. 하지만 2회 때 납입하는 10만 원은 11개월 동안 예치되므로 2.75% 이자가 적용되는 거예요. 이렇게 하면 마지막 12회 때 납입하는 10만 원은 1개월간 예치되어 0.25%의 이자를 받게 되는 거죠. 자유 적금도 이자 계산하는 방식이 비슷하기 때문에 만기 직전에 많은 돈을 넣어도 동일한 금액을 처음에 넣었을 때보다 이자는 현저히 적습니다.

연 3%짜리 1년 정기 적금에 월 10만 원씩 납입할 때
가입 기간에 따른 실제 이자율

실제 이자율 : 연 1.62%(세전)

3.00% 2.75% 2.5% 2.25% 2.00% 1.75% 1.5% 1.25% 1.00% 0.75% 0.5% 0.25%

1회 2회 3회 4회 5회 6회 7회 8회 9회 10회 11회 12회

매월 발생하는 이자

1회 3,000원	2회 2,750원	3회 2,500원	4회 2,250원	5회 2,000원
6회 1,750원	7회 1,500원	8회 1,250원	9회 1,000원	10회 750원
11회 500원	12회 250원	이자 합계 : 19,500원(세전)		

예금 통장

──────────── 예금은 목돈을 일정 기간 거치해서 만기일에
원금과 이자를 받는 저축 상품입니다. 흔히 목돈 굴리기 상품이라고
해요. 예금 가입 기간은 상품마다 다르지만 중도 해지 우려가 있어 장
기보다 보통 1년 정도의 단기를 선호합니다. 거치 기간에 따라 금리가
다르게 적용되는 상품도 있으므로 본인의 상황에 맞게 가입하는 것이
좋습니다. 예금처럼 돈을 정해진 기간 동안 묵혀두는 상품은 말잔으로

이자를 산정합니다. 말잔이란 이자가 선정되는 기간인 말일의 잔액을 말하며, 이 잔액을 기준으로 약정한 이자를 지급하는 거죠.

정기 예금은 가입한 후에 추가로 돈을 넣거나 빼지 못합니다. 그러므로 저축할 금액이 크거나 중간에 해지할 가능성이 있다면 한 번에 큰 금액을 넣는 것보다 몇 개의 예금 상품으로 나눠 가입하는 것이 좋습니다.

• 예금 이자 = 예치 금액 × 연이율

다음은 연 2% 정기 예금 1년짜리 상품에 가입할 때 120만 원을 넣어둔 것을 가정하고 계산한 이자입니다. 앞서 소개한 적금 계산 방법과는 확연하게 차이가 나죠. 거치 기간에 따른 실제 이자율과 계산한 이자 금액이 같은 걸 볼 수 있어요. 왜냐하면 처음 1개월과 마지막 12개월에 거치된 금액에 변동이 없기 때문입니다. 계산하면 120만 원의 연 2%인 2만 4,000원을 세전 이자로 받게 됩니다.

연 2%짜리 1년 정기 예금에 120만 원 거치할 때
가입 기간에 따른 실제 이자율

실제 이자율 : 연 2.00%(세전)

| 2.00% | 2.00% | 2.00% | 2.00% | 2.00% | 2.00% | 2.00% | 2.00% | 2.00% | 2.00% | 2.00% | 2.00% |
| ○ | ○ | ○ | ○ | ○ | ○ | ○ | ○ | ○ | ○ | ○ | ○ |

| 1개월 | 2개월 | 3개월 | 4개월 | 5개월 | 6개월 | 7개월 | 8개월 | 9개월 | 10개월 | 11개월 | 12개월 |

매월 발생하는 이자

1회 2,000원	2회 2,000원	3회 2,000원	4회 2,000원	5회 2,000원
6회 2,000원	7회 2,000원	8회 2,000원	9회 2,000원	10회 2,000원
11회 2,000원	12회 2,000원	이자 합계 : 24,000원(세전)		

적금 vs. 예금,
뭐가 더 이익일까?

———————————— 만기 원금이 같다고 할 때 예금보다 높은 이자
를 받는 적금은 없을까요? 적금 금리가 예금 금리보다 최소 1.85배 더
높으면 가능합니다. 만약 연 2.0% 예금일 때 연 3.7% 이상 금리의 적금
이라면 예금보다 더 많은 이자를 받을 수 있어요. 하지만 최근에는 연
3.7% 이상의 적금 상품을 기대하기 어렵죠. 그러므로 금리에 몰두하
는 것보다는 저축액을 늘리거나 세금 우대 조건을 꼼꼼히 확인하여 받

만기 원금 1,200만 원 기준 적금과 예금 이자 비교

이자율 : 연 3%(세전)

기간	적금 이자	예금 이자
1개월	30,000원	30,000원
2개월	27,500원	30,000원
3개월	25,000원	30,000원
4개월	22,500원	30,000원
5개월	20,000원	30,000원
6개월	17,500원	30,000원
7개월	15,000원	30,000원
8개월	12,500원	30,000원
9개월	10,000원	30,000원
10개월	7,500원	30,000원
11개월	5,000원	30,000원
12개월	2,500원	30,000원
만기 이자	195,000원	360,000원

을 수 있는 혜택을 최대한 활용하는 것이 낫습니다.

　적금 금리가 예금 금리보다 높은 점을 이용해 자유 적금 상품에 가입하는 첫 납입 금액 대신 예금에 넣으려고 했던 목돈을 한 번에 입금합니다. 이후 추가 납입은 하지 않으면서 자유 적금을 정기 예금처럼 활용하기도 합니다. 금융 회사에서는 이렇게 고객들이 활용하는 것을 파악하고 최근에 출시된 자유 적금 상품 대부분은 '20만 원 이하로 자유롭게 적립' 이런 식으로 한 달에 납입할 수 있는 금액을 제한하고 있습니다.

 적금(단리) 계산법

　매달 100만 원씩 12회 납입, 연 3%

　$1,000,000 \times 12 \times (12+1)/2 \times 0.03/12 = 195,000$원

　　　　　　　　→ 1년 후 원금 + 이자 = 12,195,000원(세전)

 예금(단리) 계산법

　1,200만 원을 12개월 동안 거치, 연 3%

　$1,200,000 \times 0.03 = 360,000$원

　　　　　　　　→ 1년 후 원금 + 이자 = 12,360,000원(세전)

CMA 통장

───────────────── 은행에서 판매하는 금융 상품이 아니라 증권사 또는 종금사 상품으로, 시중 은행의 자유 입출금 통장과 성격이 비슷해요. 저는 파킹 통장 다음으로 CMA를 선호하는 편이랍니다. CMA는 기본적으로 고객이 주식을 구매하는 데 쓰기 위해 증권 회사에 일시 보관 중인 금액예탁금을 증권 회사가 어음 또는 채권에 투자하고, 여기서 발생하는 수익을 고객에게 돌려주는 실적 배당형 금융 상품이랍니다.

주식 구매라는 말이 낯설 수도 있어요. 쉽게 말해 은행은 고객에게 예탁받은 돈으로 제3자에게 대출 등을 해줘서 이자 수익을 얻는다면, CMA는 고객이 예치한 돈을 증권사에서 기업 어음CP이나 양도성 예금CD, 국공채 등 우량 채권에 투자하여 이익을 얻는다고 생각하면 됩니다. 그래서 실제 원금이 손실될 가능성은 상당히 낮습니다.

하지만 꼭 기억해야 할 점은 CMA는 예금자 보호가 되는 상품보다는 안 되는 상품이 대부분이라는 겁니다. 사람 일은 모르기 때문에 예금자 보호가 안 돼 불안하다면 금리가 조금 낮더라도 예금자 보호가 되는 CMA를 찾아서 선택하면 됩니다.

CMA는 판매하는 회사에 따라 종금사, 증권사 두 가지로 분류할 수 있어요. 그리고 투자 형태에 따라 다시 종금형, RP형, MMF형, MMW형 네 가지로 나누어집니다. 종금사 CMA는 예금자 보호가 되는 종금형, 증권사 CMA는 예금자 보호가 안 되는 RP형, MMF형, MMW형입니다. 해당 상품의 특징을 미리 알고 있으면 본인 특성에 맞게 CMA 종류를 골라 가입할 수 있어요.

또한 증권사에 따라 가입 후 상품 전환이 가능하며 다른 종류 CMA도 추가 가입할 수 있습니다. 저는 단기 자금 거치용으로 CMA 통장을 이용하고 있어서 종류에 상관없이 수익률이 높고, 우대받을 수 있는 조건이 간단하면서 수수료 면제가 되는 상품을 우선 고릅니다.

CMA vs. 자유 입출금, 뭐가 더 이익일까?

───────────── 자유 입출금 통장은 한 달에 한 번 또는 분기마다 이자가 나오지만, CMA 통장은 매일 이자가 지급됩니다. 일반 자유 입출금 통장은 금리가 낮지만 CMA 통장은 연 3% 수익률이라고 가정하면 하루만 맡겨도 0.008% 정도의 이자가 발생한답니다. 상품에 따라 다르지만 특별하게 얼마 이상 넣어야 이자를 준다는 조건이 붙는 경우도 드뭅니다. 그래서 일반 자유 입출금 통장에 넣으려니 이자가 적고, 예·적금 상품에 저축하려니 기간이 길다 싶을 때 CMA 통장에 단기로 묵혀둡니다. CMA 통장은 수익률 변동이 있어 주기적으로 확인하고 관리하는 것이 좋습니다. 요즘에는 CMA 통장도 인터넷·모바일뱅킹, SMS, PUSH서비스 등을 편리하게 이용할 수 있습니다.

참고할 점은 CMA 통장 및 해당 통장에 연결된 카드 사용 실적은 시중 은행이 아닌 증권·종금사에만 정보가 기록된다는 것입니다. 그러므로 금리가 시중 은행보다 높다는 이유로 CMA에만 돈을 넣기보다는 시중 은행 거래도 함께 유지하는 것이 좋습니다.

하루하루 이자를 받기 위해 CMA 통장에 가입하고 싶지만 가까운 거리에 증권사 및 종금사가 없을 수도 있습니다. 이때는 기회비용을 따져 본인에게 유리한 조건인지 확인해야 합니다. 예치할 금액이 적으면 받는 이자도 아주 소액일 텐데, 소액 이자를 받기 위해 증권사나 종금사를 찾아가는 시간과 교통비가 더 많이 들 수도 있기 때문입니다. 이율 차이가 많이 나지 않는다면 거주지, 직장 근처에 있는 곳을 활용하는 게 좋아요. 요즘에는 비대면으로 금융 회사를 직접 방문하지 않고도 계좌 개설을 할 수 있고, 증권사에 따라 수수료 면제 및 우대 금리 혜택을 주기도 하므로 이를 활용하면 더욱 좋습니다.

"예금보다 적금 이자가 높다면, 적금을 가입하는 게 낫죠?"

A. 그럴 수도 있고, 아닐 수도 있어요. 적금과 예금을 가입할 때는 이자도 중요하지만, 목돈 운영 방식에 따라 가입 여부를 결정하는 게 좋아요. 다음은 적금과 예금의 금리를 비교하는 간단한 공식입니다.

$$적금\ 금리 \times 0.54 = 예금\ 금리(세전)$$

시중 은행의 저축 상품에 제시되어 있는 적금 금리를 그대로 받아들여서는 안 돼요. 나와 있는 숫자의 절반 정도 금리가 실제 받는 예금 금리와 비슷하다고 보면 됩니다. 예를 들어, 적금 금리가 연 3%이면 실제 예금 금리로 환산할 경우 연 1.62% 정도입니다. 예금 연 2%와 비교하면 적금보다 예금 금리가 더 높다는 것을 알 수 있어요.

처음부터 적금과 예금을 금리로 비교하는 건 그다지 효율적이지 않습니다. 한 달에 30만 원씩 저축이 가능함에도 예금 금리가 적금보다 높다는 이유로 3개월간 입출금 통장에 묵히면서 예금 가입이 가능한 돈을 모으다가 4개월이 지난 이후에 예금 상품에 가입하는 경우도 봤습니다. 하지만 이런 경우 기다리는 동안에 통장에 모아둔 돈을 써버릴 위험도 높아요. 그러므로 적금과 예금 각 상품 특징에 집중하면서 목돈을 모으고 싶다면, 그때그때 적금 상품에 가입하는 것이 바람직합니다.

2

단리와 복리

목돈을 마련하기 위해서는 단리와 복리의 개념을 확실하게 알고 있어야 합니다. 단리와 복리는 이자가 원금에 포함되어 계산되는지 아닌지에 따라 나뉩니다. 단리는 단순 이자라는 뜻으로, 원금에 대한 이자를 미리 정해놓은 금리만큼 주는 계산 방법입니다. 만약 100만 원을 연 2%인 1년 정기 예금에 가입하면 만기 때 받는 이자는 '원금 100만 원×1년×0.02'로 세전 2만 원, 3년 만기 연 2%인 예금이라면 '100만 원×3년×0.02'로 이자는 세전 6만 원이 되는 거죠.

연 단리 2%짜리 3년 정기 예금에 100만 원 거치 시 만기 수령액

(세전)

기간	원금	금리	이자	원금+이자
1년차	1,000,000원			1,020,000원
2년차	1,000,000원	연 2%	20,000원	1,040,000원
3년차	1,000,000원			1,060,000원

복리

————————— 복합 이자라는 뜻으로 단리에 비해 계산 방식이 조금 복잡합니다. 복리는 기간에 따른 이자를 원금에 포함하여 그다음 이자를 지급하는 계산 방법이에요. 100만 원을 연 2% 복리인 1년 정기 예금에 가입하면 만기 때 받는 이자는 세전 2만 원으로 단리와 별 차이가 없습니다. 하지만 3년 만기 연 2%인 복리라면 이자가 달라진답니다.

1년 차 100만 원×1년×0.02 이자는 세전 2만 원입니다. 하지만 2년 차에는 1년 차 원금과 이자를 합한 102만 원이 새로운 원금이 되므로, 2년 차 이자는 세전 2만 400원 102만 원×1년×0.02 이 됩니다. 마지막 3년 차 원금은 '100만 원+1년 차 이자 2만 원+2년 차 이자 2만 400원'입니다. 즉, 104만 400원에 대한 연 2%로 이자는 세전 2만 808원 104만 400원×1년×0.02 입니다. 이렇게 3년 만기 때 받는 이자는 세전 6만 1,208원 2만 원+2만 400원+2만 808원 입니다. 3년 복리로 받을 수 있는 이자가 3년 단리로 받을 수 있는 이자 6만 원 세전 보다 더 많음을 확인할 수 있어요.

연 복리 2%짜리 3년 정기 예금에 100만 원 거치 시 만기 수령액

(세전)

기간	원금	금리	이자	원금+이자
1년 차	1,000,000원		20,000원	1,020,000원
2년 차	1,020,000원	연 2%	20,400원	1,040,400원
3년 차	1,040,400원		20,808원	1,061,208원

　복리는 이자를 원금에 포함시켜 새롭게 이자를 계산하는 방식이므로 같은 금리라도 복리로 계산할 때 더 많은 이자를 받을 수 있습니다. 또한 복리는 금리가 높을 때와 단기간이 아닌 장기간일수록 효과를 발휘합니다. 추가적으로 이자 소득세 적용에 따라 이자 실수령액은 차이가 더 클 수도 있어요.

원금, 연이율이 동일한 경우 시간 흐름에 따라 단리와 복리 이자 차이

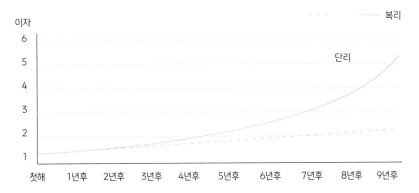

"복리 상품은 무조건 좋은 건가요?"

A. 꼭 그렇지는 않아요. 복리는 저축 기간이 중요합니다. 앞의 그래프에서 확인할 수 있듯이 첫해는 이자가 동일하지만 시간이 지날수록 복리와 단리 이자가 확연하게 차이가 나므로 길게 가져갈수록 단리보다 복리가 유리합니다. 이 방식처럼 1년 기준으로 이자를 원금에 더하는 것을 '연 복리'라고 합니다. 반면 시중 은행 상품에서 접할 수 있는 '월 복리'는 매월 이자를 원금에 더해주는 방식이죠.

몇 년 전부터 은행에서 월 복리 상품으로 적금 금리를 후하게 주는 것처럼 홍보하며 고객 유치에 열을 올리고 있습니다. 하지만 그 뒤에 숨어 있는 까다로운 조건 때문에 고객들이 실제 받을 수 있는 복리 혜택은 생각보다 크지 않습니다. 혜택을 크게 볼 만큼 가입 기간이 길지 않거나 한 달 또는 분기에 납입할 수 있는 금액이 제한되어 있는 경우도 많거든요.

그러므로 복리라는 단어를 이용한 마케팅에 속아 복리의 마법을 기대하며 무작정 복리식 금융 상품에 가입하기보다는 목돈 굴리는 방식을 통해 단리 상품을 복리 상품처럼 이용하는 것이 나을 때도 있습니다. 예를 들어, 1년 정기 예금 가입 후 만기에 받은 원금과 이자를 그대로 정기 예금으로 재예치하여 운용하면 이것 또한 복리 개념을 적용한 재테크라고 할 수 있죠. 지금 저금하고 있는 저축 상품으로 단리 효과를 누릴지, 복리 효과를 누릴지는 본인의 상황과 의지에 맞게 잘 판단해야 합니다.

③
상품 설명서의 이자와
실제 이자가 다른 이유

잊지 말자
'이자 소득세'

———————— "연 2%에 100만 원 넣어두는 예금이면 만기에 총 2만 원 이자를 받는 거 아닌가요? 왜 1만 6,920원밖에 안 나왔죠?" 연이율 2%를 확인하고 수령 이자는 '100만 원×0.02=2만 원'일 거라 생각했습니다. 하지만 만기가 되니 3,080원가량의 소중한 이자가 고스란히 사라졌습니다. 어떻게 된 일일까요? 재테크에 서툰 사람일수록 고금리, 높은 수익률에 집착하는 것을 볼 수 있습니다. 반면 금리만큼이나 중요하게 생각해야 하는 세금에 대한 관심은 극히 드뭅니다. 예시처럼 만기 때 수령하는 이자가 현저하게 적은 이유는 바로 이자 소득

세 때문입니다.

이자 소득세는 금융 상품에서 발생한 이자에 대해 부과되는 일정한 비율의 세금을 말합니다. 예·적금 상품에 처음 가입할 때 많이 간과하는 것 중 하나이기도 한데, 제대로 이익을 따지려면 세전 이자와 세후 이자의 차이를 비교할 수 있어야 합니다.

간단하게 뜻을 풀이하면 세전은 세금을 납부하기 전, 세후는 세금을 납부한 후입니다. 대부분 금융 회사 상품들은 세전 이자를 내세웁니다. 그럴 수밖에 없는 것이 세금 종류에 따라 적용하는 방식이 개인의 상황에 따라 다르기 때문입니다.

세테크 중 가장 기본이 되는 세금 우대에 대해 알아야 효율적으로 재테크를 할 수 있습니다. 저축을 시작할 때 세금 우대를 고려하는 것은 기본 중의 기본이라는 점 기억하세요.

과세 정도에 따른
차이점

———————— 일반 과세는 나이와 우대 금액 제한 없이 이자에 세금이 부과되는 것을 말해요. 15.4%로 소득세 14%+주민세 1.4%를 적용합니다. 흔히 자유 입출금 통장과 CMA 통장 등의 금융 상품과 저축 상품에 가입하고 별도의 세금 우대 혜택을 받지 못할 때 일반 과세가 적용됩니다. 세금 감면 혜택이 없다 보니 상대적으로 과세 종류 가운데 수령하는 이자가 제일 적습니다.

비과세 종합 저축은 기존 생계형 저축 계좌에서 명칭이 변경됐습니다. 만 65세 이상, 장애인, 독립유공자와 그 유족 또는 가족, 상이자, 기초생활보장제도에 따른 수급권자, 고엽제후유의증환자 및 5·18민주화운동부상자 등은 전 금융 회사들을 통합해서 기존 세금 우대 종합 저축, 생계형 저축을 포함하여 1인당 5천만 원 한도 안에서 모든 계좌의 원금을 합쳐 비과세 혜택을 받을 수 있습니다. 단, 직전 3개 연도 내 1회 이상 금융 소득 종합과세 대상자에 해당하는 경우 가입이 제한됩니다.

세금 우대 저축은 만 20세 이상인 경우, 최대 3천만 원 한도 안에서 농특세 1.4%만 부과하는 방식입니다. 하지만 시간이 지날수록 세금 혜택이 줄어들 수 있습니다. 세금 우대 저축 혜택은 제1금융권 은행이 아닌 새마을금고, 지역농협, 회원수협, 신협, 산림조합 등에서 받을 수 있습니다. 해당 금융 회사에서는 비과세라고 부르지만 적은 금액이라도 세금이 부과되므로 엄밀히 말해서 비과세는 아니랍니다.

비과세는 이자에 대한 세금이 전혀 부과되지 않아 세전 이자와 세후 이자가 동일합니다. 여기에 해당되는 상품으로는 비과세 생계형 저축, 10년이 넘어가는 저축성 보험 및 연금이 있습니다. 조합원 출자금 1천만 원 한도 역시 비과세지만, 이는 예금자 보호가 안 되므로 원금이 보장되지 않습니다.

앞의 설명을 요약하면 '비과세 → 세금 우대 저축 → 일반 과세' 순으로 저축해야 실제 받을 수 있는 이자가 많다는 결론이죠.

기간	만 20세 미만	만 20세 이상
일반 과세	O	O
세금 우대 저축	X	3,000만 원 한도

기억할 점은 세금 우대 저축은 상품 가입 당시에 적용을 받아야 한다는 것입니다. 그리고 이미 기존 상품들에서 3천만 원을 다 채워 세금 우대를 받고 있다면 새로 가입하는 저축 상품은 세금 우대를 받지 못해요. 또 가입 당시 깜빡 잊고 신청 안 한 경우에도 혜택이 적용되지 않습니다. 세금 우대를 받고 싶으면 해지하고 새로 가입하는 것이 원칙입니다.

세금 우대로 가입하고 나서 금액 한도 조정은 자유 적금만 가능합니다. 또 세금 우대 저축에서 일반 과세로 변경은 가능하지만, 일반 과세에서 세금 우대 저축으로 변경은 불가능합니다.

📟 **과세별 변동 가능 여부**

• 세금 우대 저축 → 일반 과세 (O)
• 일반 과세 → 세금 우대 저축 (X)

아직 만 20세가 넘지 않았다면 우선 세금 우대를 받을 수 있는 조건이 될 때까지 파킹 통장 및 CMA 통장에 틈틈이 종잣돈을 모아두었다가 만 20세가 되면 모인 목돈을 예·적금 상품에 옮겨 세금 우대를

적용하면 됩니다. 하지만 돈만 보이면 쓰고 싶어 하는 성격이라면 세금 우대에 연연해하지 말고 그냥 일반 과세로 적금 통장을 만드세요. 세금 우대를 받겠다며 기다리다 모아둔 돈을 홀랑 써버리는 나쁜 결과를 초래할 수 있으니까요.

금융 회사에 찾아가서 적립식 또는 거치식 상품에 가입하면 직원이 세금 우대 여부를 확인하고 해당 사항이 있으면 적용해줍니다. 하지만 영업점에 가지 않고 인터넷 뱅킹이나 스마트폰 뱅킹으로 금융 상품에 가입할 때는 직접 세금 우대를 챙겨야 해요.

	○ 일반 ● 세금 우대 저축 ○ 비과세 종합 저축 [한도 조회]
세금 우대 구분	세금 우대(총 한도 : 30,000,000원, 가입 가능 한도 : 30,000,000원)
	[　　　　　　]원(세금 우대/비과세 종합 저축 금액 입력)

인터넷·스마트폰 뱅킹에서 적립식 또는 거치식 상품 가입 화면을 살펴보면 세금 우대 구분이 있고, 한도 조회를 누르면 현재 가입 가능 한도 금액이 나옵니다. 그 아래는 세금 우대 한도 금액을 입력하게 되

어 있습니다. 앞서 소개한 세 가지 과세 종류 중에서 본인이 비과세 종합 저축에 해당되지 않는다면 일반과 세금 우대 저축에서 고르고 한도 조회를 통해 남은 세금 우대 저축 액수를 확인합니다. 현재 세금 우대가 적용된 저축 상품을 갖고 있지 않다면 세금 우대 가입 가능 한도액은 3천만 원으로 표시되고, 이미 세금 우대 적용 상품에 가입했다면 3천만 원에서 그 금액을 제한 금액이 나옵니다.

만약 1년 정기 적금으로 월 10만 원씩 입금한다면 '10만 원×12개월=120만 원'입니다. 즉, 120만 원을 세금 우대 금액에 입력하면 됩니다. 자유 적금이라면 본인이 기간 안에 저축할 총액을 넣으면 되겠죠. 예를 들어, 1년 자유 적금에 80만 원 정도 넣을 계획이라면 세금 우대 금액에 80만 원을 입력하면 됩니다. 만약 만기 전 80만 원을 모두 채워 추가 입금을 하고 싶다면 설정한 세금 우대를 풀어 일반과세로 전환하면 돼요. 또 정기 예금에 100만 원 저금한다면 세금 우대 금액에 100만 원을 입력하면 됩니다.

세금 우대 적용을 받는 상품이 늘어나면 어떤 상품에 세금 우대를 얼마 적용받고 있는지 기억나지 않을 때가 있어요. 그럴 때는 가까운 금융 회사에서 본인 확인을 하고 세금 우대 기록을 조회할 수 있습니다. 각 금융 회사 홈페이지에서도 확인 가능해요. 해당 금융 회사의 상품뿐 아니라 타 금융 회사의 상품까지 자세하게 나와 쉽게 파악이 가능합니다.

세금 우대 한도 조회/변경

- 새마을금고 : 예·적금→세금 우대 조회/변경
- 수협 : 개인뱅킹→조회→세금 우대/비과세 조회 변경
- 농협 : 계좌관리→세금 우대 한도 조회/변경
- 신협 : 예금→인터넷예탁→세금 우대/비과세 조회

세후 금리
구하는 법

적립식 또는 거치식 상품에 부과되는 세금 종류, 금융 회사에서 언급하는 세전 금리와 실제 적용되는 세후 금리의 차이를 알아봤습니다. 이제 간단한 세후 금리 계산식만 알고 있으면 상품을 고를 때 좀 더 현명한 선택을 할 수 있습니다.

 세후 금리 구하는 공식

- 일반 과세(15.4%) 적용 후 금리 = 세전 금리×0.846
- 세금 우대 저축(1.4%) 적용 후 금리 = 세전 금리×0.986

연 2% 금리 1년 정기 예금에 100만 원 거치했을 때
과세 종류에 따른 만기 금액 차이

구분	세후 금리	세후 이자	만기 때 받는 금액
일반 과세	연 1.692%	16,920원	1,016,920원
세금 우대 저축	연 1.972%	19,720원	1,019,720원
비과세	연 2.000%	20,000원	1,020,000원

적금에도
세금 우대 적용하기

———————— 지금처럼 저금리 현상이 지속되고, 또 내가 가입한 저축 상품이 늘어날수록 절세의 중요성은 더욱 커집니다. 세금 우대 한도를 어떻게 쓰느냐에 따라 금리 혜택을 더 누릴 수도 있고 덜 누릴 수도 있기 때문이죠. 기본적으로 예금에 먼저 세금 우대 혜택을 사용하고 남은 한도가 있으면 적금에 적용합니다.

적금과 예금을 각각 하나씩 들었다고 가정하겠습니다. 만기 때 받을 수 있는 원금 120만 원이 같고 세금 우대를 각각 적용하면 세금 우대 한도 3천만 원에서 각 120만 원씩 총 240만 원이 빠집니다. 금리가 다른 상품인데 세금은 적금 1,853원, 예금 2,280원입니다. 동일한 세금 우대를 적용했고 적금 금리마저 높지만 사실상 예금에 적용된 세금 혜택이 더 많음을 알 수 있습니다. 물론 예금 금리가 높거나 넣는 액수가 많아질수록 세금 격차는 더 벌어지겠죠. 따라서 적금보다 예금을 선택해 세금 우대를 사용해야 유리합니다. 하지만 종잣돈을 모으기 위

해 시작하는 소액 적금 정도로는 3천만 원 세금 우대 저축 혜택 한도액을 다 채우지 못하는 경우가 많기 때문에 적용 순서는 크게 상관없습니다.

 적금(1년 정기 적금, 월 10만 원 납입, 연 3%, 세금 우대 적용)
- 이자 산정식 : 100,000×12×(12+1)/2×0.03/12
- 세전 이자 : 19,500원
- 세금 : 1,853원
- 세후 이자 : 17,647원

 예금(1년 정기 예금, 120만 원 거치, 연 2%, 세금 우대 적용)
- 이자 산정식 : 1,200,000×0.02
- 세전 이자 : 24,000원
- 세금 : 2,280원
- 세후 이자 : 21,720원

예를 하나 들어볼게요. 제 지인은 재작년에 1년짜리 첫 정기 적금에 월 5만 원씩 넣어 총 60만 원에 대한 세금 우대를 받았습니다. 1년 동안 3천만 원 세금 우대 저축으로 세금을 우대받을 만한 종잣돈이 없었기 때문에 사용하지 않을 이유가 없었거든요. 가입한 적금이 만기되면서 세금 우대 한도액은 2,940만 원에서 다시 3천만 원으로 원상 복구됐습니다.

두 번째로 시작한 1년 적금은 월 10만 원짜리를 들면서 120만 원 세금 우대를 적용했습니다. 처음 세금 우대를 받은 것과 이유는 동일해요. 언제 가입할지 모르는 예금에 세금 우대를 사용하려고 미리 한도를 아낄 필요가 없으니까요. 세금 우대 저축도 혜택이 추후 축소되거나 없어질 수 있으므로 이용할 수 있을 때 활용해야 합니다.

금융 계산기
활용하기

세후 이자를 구하는 방식을 알았으니 이제는 계산기를 이용해 예·적금 상품 금리를 쉽게 비교할 수 있습니다. 포털 사이트 검색창에 '이자 계산기'를 검색하면 과세에 따른 세후 이자 및 만기 금액을 쉽게 계산할 수 있습니다. 은행 홈페이지에서 예·적금 계산기를 이용할 수도 있고, 스마트폰 어플로도 금융 계산기를 다운받아 활용 가능합니다.

지금 소개할 금융 계산기는 적금, 예금인 복리, 월 복리 계산을 쉽게 할 수 있게 되어 있어요. 해당 계산기 시트에 한 달 납입 금액, 가입 기간, 금리를 직접 입력하면 자동으로 과세 종류에 따른 만기 수령액, 원금예적금, 세전 이자, 세금, 세후 이자가 계산됩니다. 단, 금리는 반드시 연이율 기준으로 '%'를 제외한 숫자만 입력해야 정상적으로 작동됩니다. 샘플 그림에는 예시로 한 달에 10만 원씩, 연 3% 1년 적금 상품일 때 받을 수 있는 실제 이자를 표현했습니다. 직접 가입한 상품 정보를 수정하면 자동으로 계산됩니다. 단순하게 금리가 높다고 상품을 고르지 말고 이제부터 실제 내가 받을 수 있는 이자를 계산해보고, 현명하게 상품을 골라보세요.

QR코드를 찍으면 '요니나표 금융 계산기' 페이지로 이동합니다.

적금 계산기 샘플 : 납입금 기준

🦢 금융 상품 정보 넣어주세요

🔠 밑에 지우지 마세요	☰ 상품명	# 한 달 납입 금액	# 가입 기간	# 금리
적금계산기 : 납입금기준		₩100,000	12	3%

COUNT 1

📌 단리

🔠 세금 종류	Σ 만기수령액	Σ 원금(예치금)	Σ 세전 이자	Σ 세금	Σ 세후이자
🍸 비과세	₩1,219,500	₩1,200,000	₩19,500	₩0	₩19,500
🍸 세금우대저축	₩1,219,227	₩1,200,000	₩19,500	₩273	₩19,227
🍸 일반과세	₩1,216,497	₩1,200,000	₩19,500	₩3,003	₩16,497

COUNT 3

📌 연복리

🔠 세금 종류	Σ 만기수령액	Σ 예치금	Σ 세전이자	Σ 세금	Σ 세후이자
🍸 비과세	₩1,219,412	₩1,200,000	₩19,412	₩0	₩19,412
🍸 세금우대저축	₩1,219,140	₩1,200,000	₩19,412	₩272	₩19,140
🍸 일반과세	₩1,216,423	₩1,200,000	₩19,412	₩2,990	₩16,423

COUNT 3

📌 월복리

🔠 세금 종류	Σ 만기수령액	Σ 예치금	Σ 세전이자	Σ 세금	Σ 세후이자
🍸 비과세	₩1,219,680	₩1,200,000	₩19,680	₩0	₩19,680
🍸 세금우대저축	₩1,219,404	₩1,200,000	₩19,680	₩276	₩19,404
🍸 일반과세	₩1,216,649	₩1,200,000	₩19,680	₩3,031	₩16,649

예금 계산기 샘플 : 연 복리

🌱 금융 상품 정보 넣어주세요

🔤 밑에 지우지 마세요	🗂 상품명	# 금액	# 기간(연 단위)	# 금리
예금 : 연복리		₩1,200,000	2	2.2%

COUNT **1**

📌 단리

🔤 세금 종류	∑ 만기수령액	🔍 예치금	∑ 세전이자	∑ 세금	∑ 세후이자
비과세	₩1,226,400	₩1,200,000	₩26,400	₩0	₩26,400
세금우대저축	₩1,226,030	₩1,200,000	₩26,400	₩370	₩26,030
일반과세	₩1,222,334	₩1,200,000	₩26,400	₩4,066	₩22,334

COUNT **3**

📌 복리

🔤 세금 종류	∑ 만기수령액	🔍 예치금	∑ 세전이자	∑ 세금	∑ 세후이자
비과세	₩1,253,381	₩1,200,000	₩53,381	₩0	₩53,381
세금우대저축	₩1,252,633	₩1,200,000	₩53,381	₩747	₩52,633
일반과세	₩1,245,160	₩1,200,000	₩53,381	₩8,221	₩45,160

예금 계산기 샘플 : 월 복리

🌱 금융 상품 정보 넣어주세요

🔤 밑에 지우지 마세요	🗂 상품명	# 금액	# 기간 (월...	# 금리
예금 : 월복리		₩1,200,000	24	2.2%

COUNT **1**

📌 단리

🔤 세금 종류	∑ 만기수령액	🔍 예치금	∑ 세전이자	∑ 세금	∑ 세후이자
비과세	₩1,226,400	₩1,200,000	₩26,400	₩0	₩26,400
세금우대저축	₩1,226,030	₩1,200,000	₩26,400	₩370	₩26,030
일반과세	₩1,222,334	₩1,200,000	₩26,400	₩4,066	₩22,334

COUNT **3**

📌 복리

🔤 세금 종류	∑ 만기수령액	🔍 예치금	∑ 세전이자	∑ 세금	∑ 세후이자
비과세	₩1,253,928	₩1,200,000	₩53,928	₩0	₩53,928
세금우대저축	₩1,253,173	₩1,200,000	₩53,928	₩755	₩53,173
일반과세	₩1,245,623	₩1,200,000	₩53,928	₩8,305	₩45,623

재테크 Q&A

"금리를 한꺼번에 볼 수 있는 곳이 있나요?"

A. 네, 있습니다. 금리는 한 번 정하고 끝이 아니라 계속 수시로 변합니다. 특히 예금, 적금 저축 상품은 가입할 때 당시 금리 기준으로 만기까지 적용되므로 가입하기 전, 미리 현 시점 금리를 확인하는 것이 좋겠죠. 이미 거래 중인 금융 회사라면 인터넷, 모바일로 바로 금리 확인이 가능합니다. 가입되어 있지 않거나 너무 많은 금융 회사 거래로 한눈에 보기 힘들 경우 밑에 사이트에서 찾아보는 방법도 있습니다.

• 금융 상품 한눈에 http://finlife.fss.or.kr
저축 카테고리에는 현재 은행, 저축은행에서 판매되고 있는 정기 예금, 적금 상품 확인 가능합니다. 또한 주택담보대출, 전세자금대출, 개인신용대출 등 대출 관련 정보 확인과 연금저축 및 퇴직연금을 조회 등 금융 회사가 각 금융 협회에 제출한 자료를 기초로 제공되고 있습니다.

• 전국은행연합회 www.kfb.or.kr
금리/수수료 비교공시 메뉴로 들어가면 예금, 적금, 장병내일준비적금, 맞춤상품검색을 통해 금융 회사 상품을 찾을 수 있습니다. 이외에도 외화송금 수수료, 가계대출금리, 예금 수수료 등 다양한 정보들을 확인할 수 있습니다.

• 저축은행중앙회 www.fsb.or.kr
사이트로 들어가면 예금, 적금 평균 금리와 현재 판매하는 상품들을 확인할 수 있습니다. 이외 가계담보대출, 가계신용대출, 중금리신용대출도 찾아볼 수 있습니다.

- 모네타 finance.moneta.co.kr

최고 금리 메뉴에 들어가면 상품별적금. 예금, 금융 회사별1금융. 2금융 저축은행. 협동기구로 찾을 수 있습니다.

- 뱅크샐러드 https://banksalad.com

은행 메뉴에 들어가면 나에게 맞는 적금, 예금 찾기를 통해 상품을 고를 수 있습니다. 또한 6개월간 이용자가 관심을 보인 저축 상품 순위를 확인해볼 수 있고, 은행별로도 한눈에 보기 쉽게 정리되어 있습니다.

4

통장 쪼개기, 정답은 없다

"이번 달에는 꼭 아끼고 저축해야지!"

직장인이라면 모두가 공감하는 월급날에 하는 다짐이죠. 하지만 통장 잔고는 월급을 받기 일주일 전부터 바닥입니다. 열심히 저축해도 예상치 못하게 급전이 필요해 예금이나 적금을 중도 해지하는 것도 일상이고, 돈을 모으긴 했는데 1~2년이 지나서 보면 모인 돈은 하나도 없죠. 어디 그뿐인가요. 체크카드, 신용카드로 환급 혜택도 받는데 그 환급액은 다 어디로 사라졌으며, 주변에는 통장에 돈을 넣기만 해도 이자를 받는다던데 도대체 내 통장은 뭘 하는 건지, 이자 구경도 못 해보고… 정말 자유 입출금 통장도 이자가 들어오나요?

아직도 귀찮고 번거롭다는 이유로 이름 모를 통장 하나에 가진 돈 모두 넣은 채로 이 이야기에 격하게 공감하고 있다면, 지금 당장 '통장 쪼개기'를 해야 합니다. 금리가 상대적으로 높은 통장, 혜택 많은 카드를 갖고 있어도 제대로 활용할 줄 모르면 한낱 플라스틱과 종이일 뿐입니다. 특히 점점 낮아지는 금리로 인하여 통장만으로는 또 다른 이자를 창출하기 쉽지 않습니다. 그렇기 때문에 보다 효율적인 저축 방법이 재조명되고 있어요.

재테크 첫걸음은
'통장 쪼개기'

재테크 책이나 인터넷 검색을 통해 자주 접했을 '통장 쪼개기'. 재테크는 몰라도 통장을 쪼개려면 4개로 나눠야 된다는 정보는 많이들 알고 있습니다. 어디선가 들어서 알고는 있는데, 도대체 통장 4개로 뭘 어떻게 한다는 걸까요? 그냥 통장 4개만 있으면 된다는 걸까요?

이제 막 사회생활을 시작한 지인이 첫 월급을 받고서 통장 4개를 만들 계획이 있다며 상담을 요청해왔습니다. 유튜브에서 통장 쪼개는 내용의 영상을 봤는데, '월급, 소비, 투자, 비상금' 이렇게 구분해서 통장 4개를 만들면 된다는 걸 보고 본인도 똑같이 4개를 만들겠다고 어떻게 하면 되는지 구체적인 방법을 물었죠.

그런데 지인은 아직 고정적으로 나가는 지출이 없고, 적금도 없고, 본인이 한 달에 얼마를 소비하는지도 전혀 모르는 상태였습니다. 그래도 다들 그렇게 나누라고 하니 가까운 은행에서 적당히 통장 4개를 만들어서 쓰면 되는 거 아니냐고 했죠. 결론부터 말하면, 절대 아닙니다! 이렇게 목적 없이 통장만 분리했다고 재테크에 성공한다면, 아마 모두 부자가 됐겠죠?

이왕 하는 거 제대로 알고 해봅시다. 통장 쪼개기는 통장 개수에 연연하기보다는 통장을 나눠서 사용한다는 큰 틀을 기본으로 자신의 재테크 패턴에 맞춰 적용하는 겁니다. 통장 쪼개기는 말 그대로 1개 통장이 아니라 목적에 따라 통장을 여러 개 만들어 돈의 흐름을 본인이 추구하는 방식으로 설정하는 것입니다. 각 통장마다 목적에 맞게 돈을 넣어 관리하면 통장 하나만 사용했을 때와 달리 소액이라도 소비할 금액과 저축 금액, 비상금 등 돈에 대한 구분이 생깁니다.

아무리 저축하려고 마음먹어도 막상 돈이 있으면 저축보다는 쓸 생각부터 하기 마련이잖아요. 공돈이 생기면 무조건 비상금 통장이나 자유 적금 통장에 넣는 것을 권해도 스스로 실천하지 않으면 전혀 나아지지 않는 것이 문제인데, 통장 쪼개기는 그 실천을 도와주는 역할을 합니다. 그러므로 가계부를 이용하여 소비, 저축 패턴을 파악했다면, 그다음 순서로 통장 쪼개기는 반드시 필요한 과정입니다. 하지만 통장 쪼개기를 해도 매번 재테크에 실패하는 이유는 아무 생각 없이 남들과 똑같이 통장만 4개 만들기 때문입니다. 통장 쪼개기 적용 사례를 따라서 하되, 본인의 수입과 지출에 맞춘 나만의 통장 쪼개기 방법을 이용해야 해요.

또한 자주 묻는 질문 중 하나는 통장 종류마다 꼭 1개여야 되는지 여부입니다. 기본 개념을 알았으면 본인 패턴에 맞게 자유롭게 활용하면 됩니다. 저는 소비 통장 2개, 비상금 통장 4개가 있습니다. 개수는 중요하지 않아요. 가지고 있는 통장을 어떻게 활용할 것인지에 집중하세요.

가장 익숙한 통장 쪼개기는 월급 통장, 소비 통장, 투자 통장, 비상금 통장으로 나누는 거예요. '월급 통장'은 이름 그대로 월급을 받는 통장입니다. 그리고 월급 외 고정 지출인 정기 적금, 관리비, 공과금, 보험 등 매달 일정하게 나가는 지출이 자동이체로 연결되어 월급이 들어오면 '퍼가요~'로 순식간에 월급 로그아웃이 되는 통장이기도 해요.

'소비 통장'은 소비할 금액을 위한 것으로, 고정 지출보다 변동 지출과 연관되어 있는 주로 사용하는 체크카드, 신용카드 결제가 연결된 통장이에요. '투자 통장'은 말 그대로 투자를 위해 자금을 모아두는 통장, '비상금 통장'은 계획에 없던 갑작스런 지출이 생겼을 때 쓸 수 있도록 예비 자금을 마련해서 만일의 사태를 대비하기 위한 통장입니다.

고정 월급이 들어오고 월급 전후로 고정 지출이 빠져나가거나 매달 빈번한 고정 지출이 일어난다면 일반적인 통장 쪼개기 방법을 고르면 됩니다. 그렇지만 통장 쪼개기를 잘하려면 무조건 4개 통장으로 나눠야 한다는 고정관념을 버리세요.

보통 활발한 고정 지출을 고려한 일반적인 통장 쪼개기가 우리에게 많이 알려져 있습니다. 하지만 고정 지출이 없거나 드문 사람, 그리고 수입이 일정하지 않다면 통장 쪼개기 방법은 좀 달라야 된다는 생각이 들었습니다. 실제로 저는 고정 수입이 용돈뿐 그 외 변동 수입은 대외활동비였던 대학생 때부터 현재 변동 수입이 주 소득인 1인 기업 프리랜서로 생활하면서 4개 통장으로 별다른 재미를 못 보고 있습니다. 나만의 스타일~~고정 지출, 변동 지출 스타일~~에 맞게 통장을 활용한다면, 그게 가장 좋은 통장 쪼개기라고 생각합니다. 그럼 그 방법에 대해 좀 더 알아볼까요?

통장 쪼개기,
남들처럼 하면 실패

"통장 쪼개기를 해보고 싶은데, 고정적인 월급을 받아야만 월급 통장이 필요하겠죠?"

월급 통장 유무는 일정 소득이나 빈번한 고정 지출이 있느냐 없느냐에 따라 결정해야 합니다. 왜냐하면 월급 통장을 따로 만들었지만 정기적인 수입이 들어오지 않거나 실제 고정 지출 횟수가 많지 않으면 월급 통장이 크게 필요하지 않기 때문이죠. 물론 추후 고정 지출 항목이 많아진다면 자연스레 월급 통장 비중도 커지므로 미리 구분해서 사용해도 되지만 의무적으로 군이 따로 만들 필요는 없습니다. 고정 소득이 없다면 월급 통장은 무용지물이기 때문이죠. 1인 기업 프리랜서가 개인 사업자로 등록했다면 사업자 통장을 월급 통장으로 지정하기도 합니다.

통장 쪼개기는 통장 명칭보다 고정 지출과 변동 지출에 따라 통장을 나눠서 사용한다는 의미가 중요합니다. 수입이 불규칙한 경우 월급 통장과 소비 통장을 하나로 사용하는 비율이 높은 편입니다. 그렇다고 그 방법이 잘못된 건 아니에요. 오히려 본인에게 맞는 통장 쪼개기를 하고 있기에 남의 방식을 따라 하는 것보다 훨씬 낫습니다. 그러므로 월급 및 다양한 고정 지출이 있을 때는 일반적인 통장 쪼개기, 고정 수입보다 변동 수입 빈도가 높거나 동시다발적으로 빠지는 고정 지출이 드물 때는 이제부터 설명하는 통장 쪼개기를 참고하면 됩니다.

통장 쪼개기 - 일반

사회초년생 D씨는 매달 1일 급여를 받습니다. 자취를 하고 있어서 공과금, 월세, 보험 등 고정 지출 항목이 많습니다. 그래서 변동 지출과는 별개로 고정 지출만을 위한 현금 흐름이 한눈에 보여야 계산하기도 쉽습니다. 또한 몇 개월 뒤에 투자를 하기 위해 여윳돈을 따로 모으고 있는 중입니다.

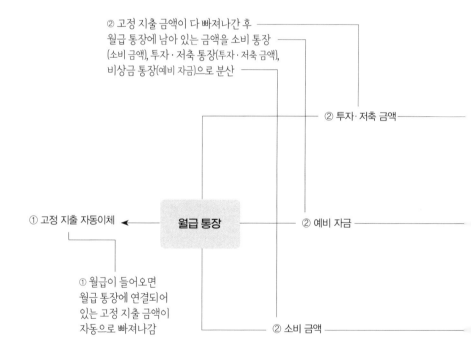

② 고정 지출 금액이 다 빠져나간 후 월급 통장에 남아 있는 금액을 소비 통장 (소비 금액), 투자·저축 통장(투자·저축 금액), 비상금 통장(예비 자금)으로 분산

② 투자·저축 금액

① 고정 지출 자동이체 ← 월급 통장 → ② 예비 자금

① 월급이 들어오면 월급 통장에 연결되어 있는 고정 지출 금액이 자동으로 빠져나감

② 소비 금액

- 월급 통장 활용이 꼭 필요한 사람
- 고정 지출 항목이 다양해 현금 흐름이 복잡한 사람
- 고정 지출 항목의 자동이체 시기가 월급날 전후로 집중된 사람

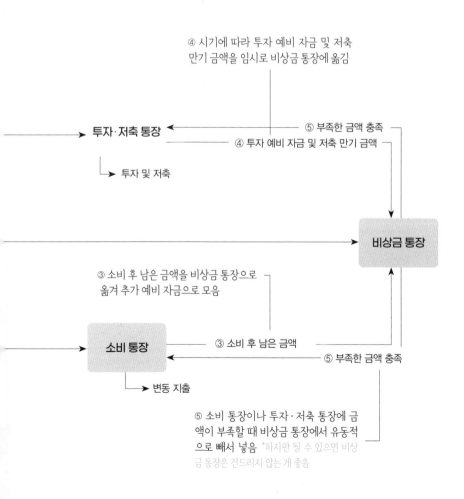

④ 시기에 따라 투자 예비 자금 및 저축 만기 금액을 임시로 비상금 통장에 옮김

투자·저축 통장

⑤ 부족한 금액 충족

④ 투자 예비 자금 및 저축 만기 금액

투자 및 저축

비상금 통장

③ 소비 후 남은 금액을 비상금 통장으로 옮겨 추가 예비 자금으로 모음

소비 통장

③ 소비 후 남은 금액

⑤ 부족한 금액 충족

변동 지출

⑤ 소비 통장이나 투자·저축 통장에 금액이 부족할 때 비상금 통장에서 유동적으로 빼서 넣음 *하지만 될 수 있으면 비상금 통장은 건드리지 않는 게 좋음

통장 쪼개기 - 기타

불규칙적인 수입 구조를 갖고 있는 A씨는 매달 20일에서 22일 사이 외주업체에서 돈이 들어오고, 불규칙적인 날짜에 부수입을 추가로 받습니다. 현재 고정 지출은 16일, 30일에 자동이체되는 정기 적금 2개와 소비 통장에 매주 월요일마다 자동이체되는 소비 금액인 주인 생활비, 이렇게 총 3개로 현금 흐름이 단순합니다.

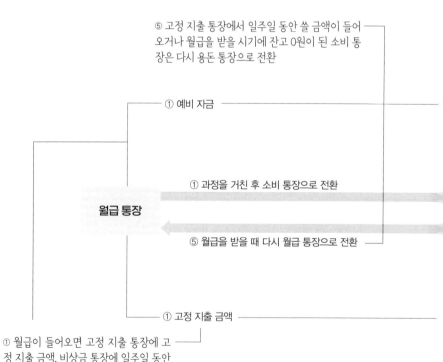

⑤ 고정 지출 통장에서 일주일 동안 쓸 금액이 들어오거나 월급을 받을 시기에 잔고 0원이 된 소비 통장은 다시 용돈 통장으로 전환

① 예비 자금

① 과정을 거친 후 소비 통장으로 전환

월급 통장

⑤ 월급을 받을 때 다시 월급 통장으로 전환

① 고정 지출 금액

① 월급이 들어오면 고정 지출 통장에 고정 지출 금액, 비상금 통장에 일주일 동안 쓸 금액만 남고, 이 통장은 소비 통장으로 전환 월급 통장이 소비 통장처럼함

- 수입이 불규칙한 사람
- 고정적으로 지출되는 항목이 적거나 현금 흐름이 단순한 사람
- 고정 지출 항목의 자동이체 시기가 일정하지 않은 사람
- 소비를 주 단위로 하는 사람
- 4개 통장 쪼개기가 맞지 않는 사람

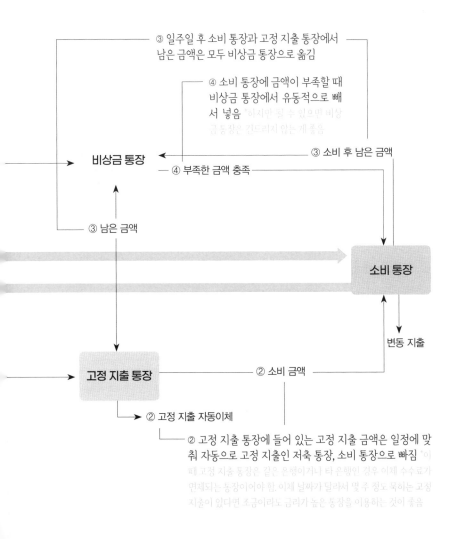

③ 일주일 후 소비 통장과 고정 지출 통장에서 남은 금액은 모두 비상금 통장으로 옮김

④ 소비 통장에 금액이 부족할 때 비상금 통장에서 유동적으로 빼서 넣음 *하지만 될 수 있으면 비상금 통장은 건드리지 않는 게 좋음

비상금 통장

③ 소비 후 남은 금액

④ 부족한 금액 충족

③ 남은 금액

소비 통장

고정 지출 통장

② 소비 금액

변동 지출

② 고정 지출 자동이체

② 고정 지출 통장에 들어 있는 고정 지출 금액은 일정에 맞춰 자동으로 고정 지출인 저축 통장, 소비 통장으로 빠짐 *이때 고정 지출 통장은 같은 은행이거나 타 은행인 경우 이체 수수료가 면제되는 통장이어야 함. 이체 날짜가 달라서 몇 주 정도 묵히는 고정 지출이라면 조금이라도 금리가 높은 통장을 이용하는 것이 좋음

이 방법으로 하면 총 3개의 통장을 사용하는 셈입니다. 월급 통장이 곧 소비 통장이기 때문이죠. 언뜻 보면 월급 통장을 소비 통장과 함께 사용하니 소비 위주가 되어 과소비를 하게 되지 않을까 걱정될 수도 있습니다. 하지만 제가 이 방법을 20대부터 직접 사용해왔는데 아직까지 특별한 문제는 없었어요. 이후 고정적인 월급을 받아 월급 통장이 필요한 상황이 오면, 그때는 직장인을 우대하는 새로운 월급 통장을 개설하고 기존 수입이 들어오는 통장과 소비 통장에서 사용했던 전환 과정을 없앱니다. 그리고 카드가 연결된 통장을 소비 통장으로만 사용하면 됩니다.

저는 본격적으로 종잣돈 모으기 시작할 때 일주일씩 소비 통장을 관리해왔습니다. 학생 때는 매달 1일에 용돈 40만 원을 월급 통장으로 받았어요. 그러면 받은 즉시 5만 원은 비상금 통장으로, 30만 원은 고정 지출 통장으로 보내고, 남은 5만 원은 일주일 소비할 금액으로 용돈 통장에 남겨둡니다. 5만 원이라는 금액은 평소 가계부를 쓴 자료를 바탕으로 계산해본 결과 일주일에 5만 원 정도 소비한다는 것을 파악했기 때문입니다. 그렇게 월급 통장을 소비 통장으로 전환해 사용하다가 매주 일요일 저녁, 소비 통장에 남은 금액을 비상금 통장과 저축 통장에 5:5 비율로 나눠 이체하여 소비 통장의 잔고를 0원으로 만듭니다. 위의 설명과 다른 점이라면 이 저축 통장 하나를 더 운용했다는 거예요.

그리고 매주 월요일에 고정 지출 통장에서 일주일 동안 소비할 5만 원이 소비 통장으로 자동이체가 되죠. 추가로 매달 15일은 고정 지출 통장에서 자동이체로 빠지는 적금이 제대로 적금 통장에 입금되었는지 통장 정리를 하면서 확인해요. 말일에는 소비 통장 및 고정 지출 통장 안에 남아 있는 금액을 모두 비상금 통장으로 보내고 잔고를 0원으로 만듭니다.

소비 통장은 다시 월급 통장이 되어 1일에 용돈을 받는 경로로 돈의 흐름을 파악합니다. 사실 한 달 단위로 관리하면 몸은 편하지만, 월말이 되면 쓸 돈이 부족해 허리띠를 졸라매는 경우가 많았거든요. 그래서 조금 더 부지런히 움직여 월말 스트레스를 줄이기 위해 일주일 단위로 소비 통장을 체크하는 습관을 들였습니다. 이렇게 주 단위로 관리를 했더니 쓸 수 있는 돈의 규모가 줄어들고 정말 필요한 소비를 하는 빈도가 늘었습니다. 20만 원이 한꺼번에 들어오는 것과 5만 원씩 네 차례 나눠서 들어오는 건 완전 다르기 때문에 오히려 월말에 돈이 남았죠.

이런 경험을 통해서 깨달은 사실은 돈을 모으려면 내가 '불편'해야 한다는 거예요. 통장을 여러 개 만들어서 넣고 빼고 하는 게 번거롭지만, 그렇게 하지 않으면 돈이 어디서 들어와서 어디로 나가는지 파악하기 어려워 절대 돈 모으는 습관을 기를 수 없거든요. 통장 쪼개기 방법을 사용하면 자연스럽게 저축을 하며 추가 비상금도 모을 수 있어요. 처음에는 적은 돈이 모이지만 꾸준히 반복하면 종잣돈이 됩니다. 저는 이 방법으로 학생 때부터 지금까지 돈을 꾸준히 모았습니다.

이제는 한정된 돈에서 소비하는 습관이 잡혀서 한 달 기준으로 생활비를 관리합니다. 학생이었을 때와 달라진 점은 가계부 예산을 활용하는 겁니다. 월급과 소비 통장은 변동 지출 예산만, 고정 지출 통장에는 한 달 빠져나가는 고정 지출 금액을 넣어둡니다. 매일 가계부를 쓰면서 변동 지출 통장 잔고를 확인하고, 월말에는 변동, 고정 지출 통장을 보면서 남은 잔액이 생길 경우 비상금 통장으로 모두 이체해 잔고를 0원으로 만듭니다.

소비 통장
잘 고르는 법

───────────── 소비 통장 역시 다른 재테크 상품과 마찬가지로 딱히 특정 통장을 추천하기는 어렵습니다. 기존에는 본인이 주로 쓰는 카드와 연계된 은행 통장을 우선적으로 골라야 했어요. 하지만 최근에는 반드시 A카드를 A은행 계좌로 일치시키지 않고 사용할 수 있는 상품들이 나오면서 원하는 금융 상품에 가입하기가 더 쉬워졌어요.

은행 상품 중에서도 자유 입출금 종류가 여러 가지입니다. 그중 여기서 말하는 네 가지 사항을 기본적으로 인지하고 통장을 선택하면 도움이 될 것입니다.

- 금리보다는 같은 은행 및 다른 은행 이체 수수료 면제 혜택을 확인할 것
- 수수료 면제 조건이 너무 까다롭지 않은지 따져볼 것
- 내 생활 반경 안에 ATM이 많은 은행인지 확인할 것
- 일반 자유 입출금 통장보다 금리가 높은 파킹 통장은 소액만 넣는 소비 통장보다 비상금 통장으로 활용하면 이자를 더 받을 수 있음

소비 통장이라도 이왕이면 금리가 높아서 단 얼마라도 이자를 받기를 원하죠. 하지만 소비 통장은 통장 쪼개기를 통해 한 달이나 일주일 동안 지출하는 금액만 넣고 생활하는 소액 통장입니다. 하루에도 통장 잔액이 수시로 바뀌는 통장이므로 소비 통장에는 소비할 돈만 넣고 나머지는 비상금 통장에 옮겨놓는 것이 이자를 조금이라도 더 받을 수 있는 지름길입니다. 그러니 소비 통장을 고를 때는 금리보다 수수료 면제 조건에 신경 쓰세요.

비상금 통장의
중요성

저축 통장보다 더 중요한 것이 비상금 통장이라는 말에 동의하시나요? 저축 계획을 세웠다면 동시에 비상금 통장도 고민해야 합니다.

예·적금 상품 가입 전 미리 일정 금액의 비상금을 확보해두면 중

도 해지 비율이 상대적으로 낮아집니다. 이외에도 비상금 통장은 여러 상황에서 활용 가능해요. 지금 당장은 필요 없다고 생각할 수 있지만 종잣돈 마련 속도는 비상금 통장 유무로 확연하게 차이가 납니다. 언제, 어디서, 어떻게, 무슨 일이 발생할지 아무도 몰라요. 그래서 재테크를 할 때도 미리미리 준비해둬야 갑작스레 일어난 금전적 문제에 큰 타격 없이 넘길 수 있습니다.

예·적금 상품을 새로 가입할 때, 예비 자금도 추가적으로 관리하는 것이 재테크를 지속적으로 이끄는 관건이라 할 수 있어요. 가끔 신용카드 현금 서비스나 마이너스 통장을 비상금으로 생각하는 사람들도 있는데요. 내 돈이 아닌 남의 돈을 빌려 쓰는 것이므로 신용 등급에 영향을 주고 빌린 돈에 대한 추가적인 이자도 발생합니다. 하지만 내 돈으로 마련한 비상금 통장은 그런 걱정을 할 필요가 없죠.

비상금 통장은 비상시에 언제 어디서나 소비할 수 있는 여윳돈을 모아두는 통장입니다. 그렇다고 여행 준비에 돈이 조금 부족하다고 해서 꺼내 쓰는 그런 용도는 절대 아닙니다. 비상금은 저축과 소비 통장을 제외한 자금을 말합니다. 특히 적금을 가입했다가 만기 전에 해지하는 일이 많은 분들은 비상금 마련이 꼭 필요합니다. 예상 못한 일로 돈이 필요할 때 최후의 선택으로 저축 통장을 해지하는 경우가 많기 때문이에요. 제대로 재테크를 하려면 비상금 통장은 선택이 아닌 필수입니다.

비상금 통장 종류 및
주의할 점

———————— 비상금 통장 조건을 종합해보면 가장 많이 떠오르는 통장은 당연히 CMA 통장입니다. 비상금 통장 자체가 비정기적이고, 일정하지 않은 자금이 단기적으로 자주 입출금되는 거잖아요. 일반 통장은 보통 연 0.1%로 저금리지만, CMA 통장은 하루하루 이자가 붙습니다. 이러한 이유로 비상금 통장으로 CMA 통장을 많이 선호했는데, 요즘에는 조건에 맞는 자유 입출금 통장도 비상금 통장으로 사용할 수 있어요. CMA 통장은 증권사·종금사에서만 가입할 수 있는데 재테크 초보 입장에선 선뜻 방문하기 쉽지 않은 경우가 많아 우선 시중 은행에서 쉽게 접할 수 있는 자유 입출금 통장 중에 금리가 조금이라도 높은 파킹 통장을 권합니다.

비상금 통장을 만들 때는 금융 회사가 근처에 있거나, 비대면으로 가입하기 쉽고 금리 우대가 높으며 수수료 면제 조건이 간단한 상품으로 고르면 됩니다. 비상금 통장을 개설할 때 가장 중요한 것은 계좌와 연계된 카드가 없어야 한다는 점입니다. 카드를 발급받는 순간 비상금 통장은 제2의 소비 통장이 되기 쉬워요. 계좌 금리 우대와 수수료 면제 조건을 충족하기 위해 어쩔 수 없이 카드를 발급받았다면 발급만 받고 사용은 하지 마세요.

간혹 비상금 통장의 매력에 빠져 예·적금 상품 대신 비상금 통장에 장기간 돈을 넣어두는 경우가 있습니다. 왜냐하면 저축 상품에 가입하면 만기가 되어야 원금과 이자를 받을 수 있지만 비상금 통장은 원금과 이자를 받는 기간에 제한이 없기 때문입니다. 그런데 정말 이 방법이 괜찮다면 금융 회사에서는 왜 예·적금 상품을 판매하는 걸까요? 또한 재테크 전문가나 서적은 왜 이런 활용법을 다루지 않을까요?

첫째, 비상금 통장의 자유로움입니다. 마우스를 몇 번만 클릭하면 쉽게 이체 가능하다는 것이 비상금 통장으로서는 장점이지만 저축에서는 단점이 됩니다. 또 비상금 통장은 뭔가 괜히 여유가 있는 것 같고 예·적금 통장은 빠듯한 느낌을 받는 것처럼 그 안에 든 돈을 다루는 마음가짐도 확연하게 다릅니다.

둘째, 세금 우대 적용 여부입니다. 신용협동기구 새마을금고, 신협, 회원 수협, 지역농협, 산림조합에서 판매하는 적립식 또는 거치식 상품을 제외한 대부분의 상품은 일반 과세15.4%가 적용됩니다. 비상금 통장으로 언급된 상품 역시 일반 과세예요. 세금 우대를 받으면 비상금 통장 금리가 조금 더 높아도 결과적으로는 예·적금 상품이 이득인 경우가 많기 때문입니다. 이러한 이유 때문에 저축 자금과 예비 자금은 반드시 구분해야 합니다. 그래야 돈 모으기가 수월합니다.

😊 tip 비상금 통장 선택 시 tip

- 입출금이 자유로운 통장(자유 입출금 통장, CMA 통장 등)
- 계좌와 연결된 카드는 해지 혹은 절대 쓰지 않기
- 같은 은행, 다른 은행 거래할 때 수수료 면제일 것
- 다른 통장에 비해 금리가 상대적으로 높은 상품으로 할 것

비상금 통장
관리법

———————— 비상금 통장에는 어느 정도의 액수가 들어 있어야 할까요? 재테크 달인들은 보통 월급의 3배 정도를 비상금으로 확보하라고 합니다. 직장인이 실직했을 때 실업 급여가 나오는 기간이 3개월 정도고, 그 기간 안에 새로운 직장을 찾는다고 가정하기 때문입니다. 만약 고정 수입이 없으면 한 달 소비 금액의 최소 3배에서 최대 6배로 잡으면 무난합니다.

하지만 여유 자금이 없는 상태에서 비상금 통장에 한 달에 쓰는 돈의 3배 이상을 넣어두는 것은 생각보다 어렵습니다. '그럴 돈 있으면 차라리 예·적금 상품에 하나 더 가입하는 게 낫지'라는 마음이 들기도 하고요. 그런 경우 비상금 통장에 소액이라도 꾸준히 예비 자금을 마련해두는 것이 중요합니다.

예를 들어, 한 달에 저축할 수 있는 돈이 30만 원이면 30만 원 모두 저축할 것이 아니라 25만 원은 저축하고, 5만 원은 비상금 통장에 분할해서 여윳돈을 만들어두는 거예요. 그리고 또 중요한 점은 한 달 지출 후 소비 통장에 조금이라도 돈이 남아 있다면 다 탕진하고 0원을 만들어버리거나 다음 달로 이월해 쓰지 말라는 것입니다. 그 대신 남은 돈을 비상금 통장으로 이체해서 소비 통장 잔액을 0원으로 만드는 것이 통장 운용에 큰 도움이 됩니다. 일주일마다 소비 통장을 정리하는 사람들도 마찬가지입니다.

또한 비상금 통장에 자금이 쌓이기 시작하면 소액의 이자도 발생하는데, 이때 이 돈을 공돈이라며 소비 통장에 옮겨서 쓰지 말고 푼돈·공돈 통장을 만들어서 이체하거나 꾸준히 비상금 통장으로 옮겨 키워 나가야 합니다. 이러한 방법들로 비상금을 평소에도 꾸준히 모아야지 단번에 여윳돈을 만들기는 사실상 어렵습니다.

마지막으로 한 번 더 강조하는 것은 단지 소비성 지출을 위해 소소하게 모은 여유 자금에 절대 손대면 안 된다는 점입니다. 쓰고 채워 넣는 걸 한두 번 반복하면 습관이 됩니다. 무의식적으로 비상금 통장에 들어 있는 돈을 언제든지 써도 되는 여유 자금이라고 생각하게 되죠. 비상금 통장은 그냥 없는 통장이라 생각하세요. 비상금 통장이 있는 것과 없는 것은 하늘과 땅 차이랍니다. 실제로 돈을 모으다 보면 저절로 느낄 수 있을 거예요.

"자유 입출금 통장, 한 번에 여러 개 만들 수 있나요?"

A. 아니오! 여러분도 '대포 통장'에 대해 들어보셨을 겁니다. 대포 통장이란 통장을 개설한 사람과 실제로 사용하는 사람이 다른 비정상적인 통장을 뜻하는데, 보이스 피싱 등 각종 범죄에 이용되어 심각한 사회 문제가 됐습니다.

이러한 문제 때문에 자유 입출금 통장을 신규로 가입하는 절차가 복잡해졌습니다. 단기간에 신규 자유 입출금 통장을 여러 개 개설할 수 없고, 이 조건에 해당하지 않더라도 통장을 새로 만들려면 '금융 거래 목적 증빙 서류'를 준비하여 은행에 방문해야 합니다. 문제는 직업이나 지속적인 소득이 없는 사람은 관련 서류를 준비하기가 상대적으로 어렵다는 거예요.

표는 금융 회사에서 요구하는 증빙 서류입니다. 금융 회사 방문 전에 해당 영업점으로 직접 전화하면 더 자세한 정보를 제공받을 수 있으니 반

통장 신규 목적	증빙 서류
급여 계좌	재직 증명서, 근로소득 원천징수 영수증, 급여 명세표 등
법인(사업자 계좌)	물품 공급 계약서(계산서), (전자) 세금 계산서 재무 제표, 부가가치세 증명원, 납세 증명서 등
모임 계좌	구성원 명부, 회칙 등 모임 입증 서류
공과금, 관리비 계좌	공과금 납입 및 관리비 영수증 등
아르바이트 계좌	고용주 사업자 등록증(사본), 근로 계약서, 급여 명세표 등 고용 확인 서류
사업 자금 계좌	사업 거래 계약서 및 거래 상대방의 사업자 등록증 등
연금 수령 계좌	연금 증서(연금수급권인서 등)
그 외의 경우	개설 목적을 확인할 수 있는 객관적 증빙 서류 필요

드시 미리 확인하여 헛걸음하는 일이 없도록 하세요. 또 예전에 거래하던 계좌 중 사용하지 않는 것을 원하는 용도로 바꿔 사용하는 게 가능한 경우도 있으니 기존 자유 입출금 통장 중 전환할 만한 것은 없는지 확인해보는 것도 방법입니다.

사용 목적에 맞는 증빙 서류 제출이 어려운 사람은 한도 제한 계좌를 개설할 수 있어요. 비대면으로 계좌를 만들면 한도 제한이 있는 계좌로 사용해야 합니다.

구분	영업점	전자 금융	ATM
영업점 개설	100만 원	30만 원	30만 원
비대면 개설		100만 원	

이렇게 한도 제한 계좌를 만들어도 사용하기 불편해서 해제하는 방법도 있습니다. 예를 들면, 100만 원 이상 비대면 대출금이 입금되는 계좌로 사용하거나 금융 회사에서 제공하는 고객 등급이 높거나 예 · 적금 저축 상품을 몇 개월 이상 납입한 상태, 그 상품 안에 잔액이 얼마 이상 등이 있습니다. 하지만 만 19세 미만 미성년자는 해제 요건을 채워도 적용되지 않을 수 있습니다. 금융 회사마다 세부 조건이 다르므로 반드시 확인하세요.

파킹 통장의 매력

기존에 쓰던 일반 통장에서는 이자라는 걸 받아본 적이 없었어요. 파킹 통장으로 바꾸길 잘했어요.

파킹 통장으로 이자 받는 재미에 저축하는 게 즐거워졌습니다. 벌써 다음 달 이자가 궁금해져요.

직원이 만들어준 파킹 통장에 카드를 연결해 소비 통장으로 사용했는데, 통장 혜택을 알고 난 후 소소해도 이자를 받으며 비상금 통장으로 쓰고 있습니다.

적금하면서 파킹 통장에도 조금씩 돈을 모으다 보니 자연스레 비상금 통장이 되었어요. 비상금 통장이 생긴 후부터 적금도 중간에 해지하지 않고 잘 유지해요.

CMA는 왠지 낯설고 복잡한 것 같아 사용하지 못했는데, 대신 파킹 통장을 비상금 통장으로 활용할 수 있다는 것을 알게 되어 좋아요. 파킹 통장 다 채우면 CMA도 도전해보려고요.

많은 사람들이 극찬하는 파킹 통장이라는 게 도대체 뭐냐고요? 각 상품마다 가입 조건이 조금씩 다르지만 금융 회사에서 신규 및 기존 고객을 주거래 고객으로 만들기 위해 우리가 흔히 사용하는 입출금 통장보다 더 혜택이 있는 상품이에요. 아직도 연 0.1% 금리의 자유 입출금 통장을 비상금 통장으로 사용하거나, 파킹 통장은 가입했지만 제대로 활용하지 못하고 있다면 여기에 집중하세요.

파킹 통장을
사용해야 하는 이유

────────────── 파킹 통장은 여유 자금을 잠시 맡겨도 고금리를 제공합니다. 마치 차를 잠시 주차parking 하는 것처럼 잠깐만 돈을 넣어놔도 이자를 받을 수 있어서 파킹 통장이라 부르죠. 일반 입출금 통장은 대부분 저금리 통장인데, 파킹 통장은 일정 요건을 갖추면 우대 이율과 수수료 면제 등 특혜를 주고 있습니다.

파킹 통장의 장점은 입출금이 자유로우면서도 1% 이상의 이자를 받을 수 있다는 점입니다. 요즘은 너무 낮은 금리 때문에 파킹 통장의 이자도 점점 낮아지고 있어서 조금 아쉽지만, 여전히 일반 자유 입출금 통장보다는 높은 이자를 받을 수 있어요. 또한 최대 5천만 원까지 예금자 보호를 받을 수 있는 것도 장점이에요.

아직도 특정 금융 회사만 고집하나요? 앞서도 말했지만 정작 그 금융 회사는 나에게 관심조차 없을 수 있습니다. 주거래 은행이었는데 갑자기 갈아타면 은행이 배신감 느껴서 불이익을 주지 않겠느냐고요? 절대 그렇지 않아요. 오히려 나중에 더 많은 돈을 가져와서 그 은행에 예치한다면, 지금보다 더 반갑게 여러분을 맞이해줄 겁니다.

지나간 시간은 돌이킬 수 없잖아요. 하루라도 젊을 때 여러 금융 회사에서 판매하는 파킹 통장을 경험하고 특권을 똑똑하게 활용하면서 자기에게 맞는 금융 회사를 찾는 것이 현명합니다.

파킹 통장
이자 활용법

────────────── 간혹 파킹 통장 중에 우대 이율을 최대로 받을 수 있는 금액 한도가 정해진 것도 있어요. 은행 상품마다 다르지만 A은행의 파킹 통장이 100만 원까지는 연 2.0%, 100만 원 초과 금액은 연 0.1%로 이자 계산이 된다고 가정해봅시다. 만약 101만 원이 통장에 있다면 100만 원은 연 2.0% 우대 이율, 나머지 1만 원은 연 0.1% 기본 이율의 합산한 이자를 받게 되는 거예요. 그러므로 100만 원만 채우고 초과된 금액은 다른 파킹 통장이나 CMA 통장으로 옮기는 것이 좋습니다. 초과된 금액은 기본 이율이 적용되어 현저하게 낮은 금리로 계산되기

때문입니다.

일반적으로 이자는 평균 잔액으로 산정됩니다. 예를 들어, 1개월 내내 100만 원을 놔뒀다면 평균 잔액은 100만 원입니다. 하지만 1월 1일은 90만 원, 1월 5일은 100만 원, 1월 15일은 10만 원, 이렇게 잔고가 불규칙하면 평균 잔액 100만 원을 맞추기가 힘들어요. 그래서 파킹 통장을 소비 통장과 비상금 통장으로 병행해서 쓰면 평균 잔액 100만 원 맞추기가 쉽지 않답니다. 간혹 통장에 100만 원만 찍고 빼면 되는 거 아니냐는 질문도 하는데 입금액이 아니라 평균 잔액 기준이라서 그것도 안 됩니다.

만약 이자를 위해 통장에 소비할 금액 30만 원을 더해서 총 130만 원을 넣어놓고 30만 원은 연 0.1% 기본 이율을 받는 것으로 생각하고 신경 쓰지 않으면 통장 하나로 소비 통장과 비상금 통장을 동시에 사용할 수는 있어요. 하지만 소비 자제가 잘 안 된다면 이것도 쉽지 않겠죠. 130만 원이 있는데 과연 30만 원만 딱 쓰고 멈출 수 있는지 스스로 생각해볼 필요가 있습니다. '조금 더 쓰면 다른 통장에서 빼서 100만 원 맞추면 되지…' 이런 생각을 한다면 이자 좀 더 받으려다 오히려 소비가 늘어나는 최악의 사태가 생길 수 있습니다.

청년을 위한
한정판 통장

몇 년 전부터 정부에서 2030 청년들을 위한 특별한 통장들을 많이 만들었어요. 혜택이 좋기 때문에 해당된다면 꼭 가입해야 하는 통장들이죠. 특히 지역별로 혜택이나 조건 등도 달라서 거주하는 곳에 어떤 통장들이 있는지 수시로 찾아보면 좋습니다. 종류에 따라 생애 1회만 참여 가능한 것도 있고, 가입할 수 있는 나이가 제한되기도 해서 본인에게 해당되는 청년 통장이라면 만들어보세요.

청년 내일 채움
공제

————————— 미취업 청년들의 중소·중견기업 유입을 촉진하고, 청년 근로자 장기근속과 자산 형성을 지원하기 위해 2016년부터 시행한 사업입니다. 미취업 청년을 대상으로 하며, 만 15세 이상 34세 이하, 군필자는 복무기간에 비례하여 참여제한 연령을 연동하여 적용하되 최고 만 39세로 한정입니다. 2년형, 3년형 중 본인에게 맞는 기간을 고르면 됩니다.

고용보험 피보험자수 5인 이상 중소기업 지식서비스산업, 문화콘텐츠산업, 벤처기업 등 일부는 1~5인 미만 기업 참여 가능에 취업한 청년이 2년간 매월 12만 5천 원씩 총 300만 원을 저축하면, 정부 취업지원금 600만 원과 기업 정부지원금 300만 원이 공동 적립되어 만기 때 1,200만 원을 마련할 수 있습니다. 만기 후 중소벤처기업부의 내일채움공제 3~5년로 연장 가입하면 최대 8년 동안 장기적인 목돈 마련이 가능합니다.

자격 요건은 정규직 취업일 현재 고용보험 가입이력이 없거나 최종학교 졸업 후 고용보험 총 가입기간이 12개월 이하라면 가능합니다. 학력 제한은 없으나 정규직 취업일 현재 고등학교 또는 대학 재학 및 휴학 중이면 어렵습니다. 단, 졸업예정자는 가능해요.

청년 내일 채움 공제는 중도 포기하면 재가입이 불가능하지만, 휴업, 폐업, 부도, 해산, 부당한 임금 조정, 불공정 계약 등 기업 사유에 의한 퇴직과 부정수급, 직장 내 괴롭힘, 3개월 이상 임금 체불 등의 사유가 있으면 6개월 이내 재가입이 가능합니다. 자세한 내용은 고용노동부 '청년내일채움공제www.work.go.kr/youngtomorrow' 사이트에서 볼 수 있어요.

희망 두 배
청년 통장

───────── 공고일 기준으로 서울시에 거주하는 만 18세 이상 34세 이하인 청년 근로자가 만들 수 있는 통장으로, 본인 근로 소득 금액이 월 237만 원세전 이하여야 합니다. 단, 부양의무자부모, 배우자는 소득 인정액 기준 중위소득 80% 이하여야 합니다. 기간은 2년 또는 3년, 저축액은 10만 원 또는 15만 원을 선택해 넣으면 서울시 예산 및 시민의 후원금 등으로 근로장려금을 지원합니다.

근로장려금은 주거비, 결혼자금, 학자금 대출 상환 및 구직을 위한 교육비, 창업 운영자금 목적으로 쓸 수 있습니다. 자세한 내용은 '서울시 희망 두 배 청년통장https://account.welfare.seoul.kr/youth' 사이트에서 볼 수 있어요.

구분	금액		비고
본인저축액(선택)	10만 원	15만 원	
근로장려금	10만 원	15만 원	매월 적립 시
총 적립금(2년)	480만 원+이자	720만 원+이자	
총 적립금(3년)	720만 원+이자	1,080만 원+이자	

경기도 청년 노동자
통장

공고일 기준으로 주민등록상 주소지가 경기도인 만 18세 이상 34세 이하 청년 노동자 후기노정학생 포가 및 휴직자 육아휴직자 포함가 만들 수 있는 통장으로, 가구 소득 인정액이 기준 중위소득 100% 이하인 청년이 매달 10만 원을 2년 동안 저축하면 경기도에서 월 14만 2천 원을 지원해줘 2년 후 580만 원 180만 원 원금에 100만 원 지역화폐이 적립되는 통장입니다. 모인 적립금은 주거비, 창업운영자금, 결혼자금, 교육비, 대출상환에 쓸 수 있습니다. 자세한 내용은 '경기도 청년 노동자 통장 account.jobaba.net' 사이트에서 볼 수 있어요.

그 외 지자체에서도 청년들을 위한 사업을 진행하고 있으니 본인이 거주하고 있는 지자체 홈페이지 또는 온라인 청년 센터 'https://

www.youthcenter.go.kr' 홈페이지를 주기적으로 확인해 보세요. 부산광역시 청년희망날개통장, 대구광역시 청년희망적금, 광주광역시 청년 13통장, 대전광역시 청년희망통장, 강원도 일자리안심공제, 전라남도 청년희망디딤돌통장 등이 있습니다.

재테크 Q&A

"거래하지 않는 입출금 통장을 갖고 있으면 불이익이 있나요?"

A. 아니오. 휴면 계좌가 되긴 하지만 불이익은 없어요. 몇 년 동안 사용하지 않은 휴면 계좌를 이용한 금융 사기가 등장하면서 거래 중지 계좌 제도가 시행되고 있어요. 이는 통장 계좌에 들어 있는 잔액이 적고 기간에 따른 입금과 출금 거래 기록이 없는 계좌 대상으로 입출금 거래 등을 중지하는 제도입니다. 혹시 지금 사용하고 있지 않은 내 계좌가 아래 조건에 해당되는지 꼼꼼하게 살펴보세요.

 거래 중지 대상 계좌

- 통장 잔액 10,000원 미만 : 1년 이상 입·출금 거래가 없는 계좌
- 통장 잔액 10,000원 이상 ~ 50,000원 미만 : 2년 이상 입·출금 거래가 없는 계좌
- 통장 잔액 50,000원 이상 ~ 100,000원 미만 : 3년 이상 입·출금 거래가 없는 계좌

거래 중지 계좌에 해당하면 실제 거래를 하고자 할 때 '거래 중지 대상 계좌'라고 안내 문구가 뜹니다. 중지된 계좌를 다시 이용하고 싶으면 해당 영업점에 금융 거래 목적 확인서와 관련 서류를 제출해야 정상적으로 계좌 사용이 가능합니다. 준비해야 할 서류는 방문할 영업점에 문의하는 것이 정확합니다.

통장정리표

나만의
통장정리표 만들기

───────────── 돈 관리를 본격적으로 시작하면서 통장도 쪼
개고 적금이나 예금에도 가입하니 관리해야 할 통장이 늘어나 통장
관리가 버겁게 느껴지죠. 종이 통장은 평상시에 쉽게 확인해볼 수 있지
만, 인터넷으로 발급받은 통장은 각 은행 사이트에 들어가 매번 로그
인하고 찾아서 조회해야 하니 번거롭기도 하고요. 기업, 공공기관에서
만든 통합 사이트 및 어플도 있지만 나만의 언어로 정리할 수 있는 방
법이 필요합니다. 실제로 많은 사람들이 저에게 그 많은 통장들을 어떻
게 관리하는지 궁금하다고 문의하는데, 제 비결은 바로 통장정리표 활

용입니다. 통장정리표를 사용하면 계좌 번호, 만기일, 자동이체일, 세금 우대 금액 등을 바로 알 수 있어 시간을 낭비하지 않게 됩니다.

통장정리표
사용법

① '통장종류'는 자유 입출금, CMA, 정기 적금 등, '용도'는 월급 통장, 소비 통장, 비상금 통장 등으로 구성되어 있습니다. 종류 및 용도는 각자 입맛에 맞게 추가, 수정할 수 있습니다. 금융 회사 역 시 추가, 수정 가능합니다.

② '금융 회사'를 고르고 해당 상품명, 계좌 번호를 써넣습니다.

③ '가입일', '만기일'은 예·적금 상품 관리에 유용하게 쓰입니다. 만 기일을 입력하고 미리 알람 설정하면 저축 상품의 경우 만기 이후 목돈 거치 여부를 미리 준비할 수 있습니다.

④ '세금우대저축' 및 '비과세' 적용 금액을 입력하면 한도 합계 및 잔액을 쉽게 확인할 수 있습니다.

⑤ '#보유금액' 칸을 매번 업데이트하면 만기 목표 금액까지 남은 금액이 나옵니다.

⑥ 각 통장의 특징 및 주의할 점 등을 메모하는 공간입니다.

⑦ 각 통장에 예치되어 있는 자산 현황을 확인할 수 있습니다.

⑧ 총 금액은 #보유금액 하단에 있는 금액입니다.

통장정리표

통장종류
- 🪙 자유적금　　　　300,000 원
- 🏦 재형저축　　　　700,000 원
- 🏧 자유입출금　　　400,000 원
- ◆ 주택청약　　　　600,000 원
- ✏ CMA　　　　　　400,000 원
- 📹 펀드　　　　　　700,000 원
- ⚖ 정기예금　　　　₩0
- ♥ 정기적금　　　　200,000 원

용도
- 📥 월급통장　　　　300,000 원
- 🛍 소비통장　　　　100,000 원
- 🏦 저축통장　　　　200,000 원
- ♣ 공푼돈통장　　　300,000 원
- 🧳 비상금통장　　　400,000 원

세금우대 (저율과세)
- 🪙 세금우대　　　28,999,800 원

비과세
- 📹 비과세　　　　50,000,000 원

🏧 통장

↗ 통장 종류	↗ 용도	◎ 금융 회사	Aa 상품명	🗓 *가입일	🗓 만기일	# 보유 금액
🏧 자유입출금	🛍 소비통장	신한	💳 주거래 S20	2020/09/09	2021/02/13	100,000 원
♥ 정기적금	🏦 저축통장	KEB 하나				200,000 원
🏧 자유입출금	📥 월급통장	KB 국민 은행	♣ 스타트			300,000 원
🪙 자유적금	♣ 공푼돈통장	우리				300,000 원
✏ CMA	🧳 비상금통장	한국 투자				400,000 원
◆ 주택청약		KEB 하나				600,000 원
🏦 재형저축		신한				700,000 원
📹 펀드						700,000 원
				카운트 8		합 3,300,000 원

# 만기 목표 금액	∑ 남은 금액	↗ 세금	# 세금 우...	↗ 비과세	# 비과세 금액	特 특징
2,000,000 원	1,900,000 원					연 2 % 2,5,8,11 월 제 2 금요일이자
200,000 원	₩0	🪙 세금우대	200			벌써 10 월달! 일년이 3 개월 밖에 안남았 네요!
		₩0				
10,000,000 원	9,700,000 원			📹 비과세	100,000 원	
	₩0	🪙 세금우대	1000000			
3,000,000 원	2,400,000 원					
	₩0					
		합집합 1000200			합집합 100,000 원	

QR코드를 찍으면 '통장정리표' 페이지로 이동합니다.

8

내 돈은
내가 지키자

예전에는 금융 회사가 망한다는 생각을 전혀 하지 못했습니다. 그러나 IMF 이후 금융 회사도 무너질 수 있음을 비로소 사람들이 알게 되었죠. 또한 몇 년 사이에 저축은행 영업 정지 사건이 빈번하게 일어나면서 예금자 보호법에 대해 알아야 만일의 사태에 대비할 수 있다는 인식이 생기게 되었습니다.

예금자 보호 제도란
무엇일까?

───────────── 예금자 보호 제도란 금융 회사 파산 등으로

인해 고객의 예금을 지급하지 못하게 될 경우 예금보험공사에서 예금자 1인당 예금 원리금 합계 5천만 원까지 보장해주는 제도를 말합니다. 원리금이란 원금과 이자를 합친 것으로 예금액을 5천만 원 이하로 넣어야 금융 회사가 부도가 나더라도 이자까지 합한 금액을 예금보험공사로부터 모두 돌려받을 수 있다는 뜻이에요. 만약 원금이 5천만 원일 때 원금만 보장되고 5천만 원을 초과한 이자는 지급되지 않는 거죠.

많은 사람들이 이 돈은 국가에서 돌려준다고 알고 있습니다. 하지만 실은 각 금융 회사들이 낸 보험료를 통해 예금보험공사가 지급해주는 방식이랍니다. 예금자 보호를 받을 수 있는 금융 회사는 은행, 증권사, 보험사, 종합금융사, 상호저축은행 등 5개 금융업권입니다. 외국은행의 국내 지점과 농협은행, 수협은행도 보호 대상에 포함됩니다. 신용협동기구인 지역농협, 회원수협, 신용협동조합, 새마을금고 등은 현재 예금보험공사의 보호 대상 금융 회사가 아니지만 관련 법률에 따른 자체 기금에 의해 보호되고 있어요. 그러나 1인당 1천만 원 한도로 비과세 혜택이 주어지는 출자금은 보호 대상에서 제외됩니다.

신용협동기구
자체 기금도 있다
―――――――――――― 새마을금고는 새마을금고법에 의하여 새마을금고연합회에 설치된 예금자 보호 준비금으로 원금과 이자를 합해 최고 5천만 원까지 지급을 보장하고 있습니다. 신협은 신용협동조합중앙

회 내부의 신용협동조합 예금자 보호 기금에 의해 최고 5천만 원까지 보호됩니다. 신협과 새마을금고는 연합회 및 중앙회 내부에 설치된 기금관리위원회가 임의로 정하는 금리로 이율을 다시 책정하기 때문에 예금 보험금을 지급할 때 이율 계산 방식이 다를 수도 있어요.

지역농협, 회원수협은 각 중앙회가 자체적으로 운영하는 상호금융 예금자 보호 기금을 통하여 최고 5천만 원까지 보호됩니다. 우체국은 예금자 보호법에 의한 보호 대상 기관은 아니지만 우체국 예금 보험에 관한 법률에 의하여 정부가 우체국 취급 금융 상품 전액에 대하여 지급을 보장하고 있습니다.

하지만 예금자 보호 제도가 적용되는 금융 회사라도 취급 상품에 따라 보호 대상에서 제외될 수 있습니다. 예를 들어, 금융 투자 상품은 고객이 맡긴 돈을 유가 증권 매입 등에 운용한 실적에 따라 원금과 수익을 지급하는 투자 상품으로 예금으로 볼 수 없기 때문에 원금이 보장되지 않습니다. 또한 저축은행 후순위 채권 역시 보장이 안 됩니다.

금리 및 혜택이 좋은 금융 상품일 경우 예금자 보호가 되지 않을 수 있으니 상품을 가입할 때 기본적으로 예금자 보호 제도 보장 유무를 꼭 확인해야 합니다.

보호 금융 상품 vs. 비보호 금융 상품

출처 : 예금보험공사

운영 주체	보호 금융 상품	비보호 금융 상품
은행	· 보통예금, 기업자유예금, 별단예금, 당좌예금 등 요구불예금 · 정기예금, 저축예금, 주택청약예금, 표지어음 등 저축성예금 · 정기적금, 주택청약부금, 상호부금 등 적립식예금 · 외화예금 · 예금보호대상 금융상품으로 운용되는 확정기여형 퇴직연금제도 및 개인형 퇴직연금제도의 적립금 · 개인종합자산관리계좌(ISA)에 편입된 금융상품 중 예금보호 대상으로 운용되는 금융상품 · 원본이 보전되는 금전신탁 등	· 양도성예금증서(CD), 환매조건부채권(RP) · 금융투자상품(수익증권, 뮤추얼펀드, MMF 등) · 은행 발행채권 · 주택청약저축, 주택청약종합저축 등 · 확정급여형 퇴직연금제도의 적립금 · 특정금전신탁 등 실적배당형 신탁 · 개발신탁
투자 매매업자 · 투자 중개업자	· 증권의 매수 등에 사용되지 않고 고객계좌에 현금으로 남아 있는 금액 · 자기신용대주담보금, 신용거래계좌 설정보증금, 신용공여담보금 등의 현금 잔액 · 예금보호대상 금융상품으로 운용되는 확정기여형 퇴직연금제도 및 개인형퇴직연금제도의 적립금 · 개인종합자산관리계좌(ISA)에 편입된 금융상품 중 예금보호 대상으로 운용되는 금융상품 · 원본이 보전되는 금전신탁 등 · 증권금융 회사가 「자본시장과 금융투자업에 관한 법률」 제330조제1항에 따라 예탁받은 금전	· 금융투자상품(수익증권, 뮤추얼펀드, MMF 등) · 청약자예수금, 제세금예수금, 유통금융대주담보금 · 환매조건부채권(RP) · 금현물거래예탁금 등 · 확정급여형 퇴직연금제도의 적립금 · 랩어카운트, 주가지수연계증권(ELS), 주가연계 파생결합사채(ELB), 주식워런트증권(ELW) · 증권사 종합자산관리계좌(CMA) · 증권사 발행채권 · 「자본시장과 금융투자업에 관한 법률」제117조의8에 따라 증권금융 회사에 예탁되어 있는 금전 · 「자본시장과 금융투자업에 관한 법률 시행령」 제137조 제1항제3호의2에 따라 증권금융 회사에 예탁되어 있는 금전

보험회사	· 개인이 가입한 보험계약
	· 퇴직보험
	· 변액보험계약 특약
	· 변액보험계약 최저사망보험금·최저연금적
	  립금·최저중도인출금·최저종신중도인출금
	  등 최저보증
	· 예금보호대상 금융상품으로 운용되는 확정
	  기여형 퇴직연금제도 및 개인형 퇴직연금제
	  도의 적립금
	· 개인종합자산관리계좌(ISA)에 편입된 금융
	  상품 중 예금보호 대상으로 운용되는 금융
	  상품
	· 원본이 보전되는 금전신탁 등
		· 보험계약자 및 보험료납부자가 법인인 보험
		  계약
		· 보증보험계약, 재보험계약
		· 변액보험계약 주계약(최저사망보험금·최저
		  연금적립금·최저중도인출금·최저종신중도인출
		  금 등 최저보증 제외) 등
		· 확정급여형 퇴직연금제도의 적립금

종합금융
회사
	· 발행어음, 표지어음, 어음관리계좌(CMA) 등	· 금융투자상품(수익증권, 뮤추얼펀드, MMF
		  등)
		· 환매조건부채권(RP), 양도성예금증서
		  (CD),기업어음(CP), 종금사 발행채권 등

상호저축
은행 및
상호저축
은행
중앙회
	· 보통예금, 저축예금, 정기예금, 정기적금,
	  신용부금, 표지어음
	· 예금보호대상 금융상품으로 운용되는 확정
	  기여형 퇴직연금제도 및 개인형 퇴직연금제
	  도의 적립금
	· 개인종합자산관리계좌(ISA)에 편입된 금융
	  상품 중 예금보호 대상으로 운용되는 금융
	  상품
	· 상호저축은행중앙회 발행 자기앞수표 등
		· 저축은행 발행채권(후순위채권 등) 등
		· 확정급여형 퇴직연금제도의 적립금

주택청약종합저축은 예금자 보호가 안 되는 상품 중 하나예요. 하지만 몇 개 은행이 위탁 판매만 할 뿐 예치금은 정부가 직접 관리하는 국민 주택 기금 계정으로 들어갑니다. 그러므로 은행이 파산하여 예금을 지급하지 못하는 상황이 발생해도 납입액 전부를 찾을 수 있습니다.

예금자 보호 5천만 원 한도는 상품별 보장이 아닌 기관별 보장이에요. 한 기관에서 여러 개 상품에 가입했다면, 상품을 모두 합친 돈 중 5천만 원까지만 보장됩니다.

 예금자 보호 보장 범위의 예시

- A은행에 6천만 원 예치 : 5천만 원까지 보장, 1천만 원 보장 안 됨
- B은행 ○○지점에 3천만 원, △△지점에 3천만 원 예치 : 5천만 원 까지 보장, 1천만 원 보장 안 됨
- C은행에 4천만 원, D은행에 4천만 원 예치: 8천만 원 모두 보장

보장 확인을 위해서는 금융 상품에 가입할 때 직원에게 예금자 보호가 되는지를 확인하거나 계좌를 만들 경우 통장 첫 장 또는 온라인으로 가입 시 상품페이지에 적혀 있는 "이 예금은 예금자 보호법에 따라 예금보험공사가 보호하되, 보호 한도는 본 은행에 있는 귀하의 모든 예금 보호 대상 금융 상품의 원금과 소정의 이자를 합하여 최고 5천만 원이며 5천만 원을 초과하는 나머지 금액은 보호하지 않습니다" 이 문구를 확인하는 방법이 있습니다. 여기서 말하는 '소정의 이자'란 금융 회사 약정 이자와 시중 은행 등 1년 만기 정기 예금 평균 금리를 감안, 예금보험공사가 결정하는 이자 중 적은 금액을 말합니다.

재테크 Q&A

"휴면 계좌에 있는 돈을 찾는 방법이 있나요?"

A. 이제 많은 분들이 휴면 계좌에 대해 관심이 많지만, 그래도 여전히 휴면 예금과 휴면 보험금 규모가 커지고 있다고 해요. 혹시나 내 소중한 돈이 무의미하게 예치되어 있지는 않은지 주기적으로 확인해보는 것이 필요합니다.

휴면 계좌란 은행, 보험사, 우체국 등에서 만든 계좌 중 잔액은 남아 있으나 거래가 끊긴 지 오래된 계좌를 말합니다. 휴면 예금은 소멸 시효은행 예금 5년, 우체국 예금 10년 이후에도 찾지 않고 휴면 계좌에 남아 있는 잔고입니다. 2003년 이후 5년 이상 무거래 휴면 예금을 조회할 수 있어요. 휴면 보험금은 보험사 및 우체국의 보험 계약 중에서 해지실효 또는 만기 도래 후 관련 법률의 규정에 의하여 소멸 시효2년가 완성된 이후에도 찾아가지 않은 환급금, 보험금을 말합니다농협, 수협 공제 포함.

보통 거래가 끊긴 지 10년 이상 경과된 계좌, 예금액이 1만 원 미만인 계좌 중 1년 이상 거래가 끊긴 계좌, 예금액이 1~5만 원 미만인 계좌 중 2년 이상 거래가 끊긴 계좌, 예금액이 5~10만 원 미만인 계좌 중 3년 이상 거래가 끊긴 계좌를 휴면 계좌로 정하고 있습니다. 요즘은 이 조건에 해당하는 계좌는 거래 중지 대상 계좌로 분류되고있죠.

휴면 계좌가 있다면 2년 안에 해당 금융 회사를 방문해 통장, 도장, 실명 확인을 하면 돈을 돌려받을 수 있습니다. 기간 이후에는 미소금융재단으로 넘어가 저소득층 복지 사업에 사용되지만, 이미 출연된 휴면 예금이라도 지급 요청을 하면 본인 확인 절차를 거쳐 돌려받을 수 있다고 합니다.

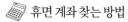 휴면 계좌 찾는 방법

① 전국 은행 연합회(www.sleepmoney.or.kr), 생명보험협회(www.klia. or.kr), 손해보험협회(www.knia.or.kr) 등 접속

② 성명, 주민등록번호 입력 후 공인인증 조회

③ 휴면 계좌가 존재할 경우 해당 금융 회사에 방문하여 지급 청구

   (조회된 휴면 계좌 금액과 실수령액은 이자 소득세 등 세금 부과에 따라 다소 차이가 있을 수 있고, 1천만 원 이상일 경우 금액 정보가 제공되지 않아 해당 금융 회사에 문의)

④ 통합 조회 시스템에서 제공되지 않는 정보는 해당 금융 회사에 방문

⑤ 가까운 은행, 보험사를 방문하면 은행, 보험사, 우체국의 미출연 휴면 계좌 및 서민금융진흥원의 출연 휴면 계좌 정보를 확인(우체국에 방문하면 은행, 보험사, 우체국의 미출연 휴면 계좌 정보 제공 받음)

9

준조합원으로
세금 우대 저축 혜택받기

세금 우대 제도는 신용협동기구에서 세금 우대 혜택을 받을 수 있는 조건에 해당되면 적립식 또는 거치식 금융 상품을 일반 과세15.4% 보다 낮은 세금 우대 저축1.4%으로 적용받을 수 있는 제도입니다. 시중 금리가 많이 떨어졌으니 세금 우대 혜택은 꼭 받는 습관을 들이세요.

세금 우대 혜택을 받으면 세금이 소액으로 부가돼 상품에 표기된 금리세진 이요와 거의 차이가 나지 않고 가입 기간에 제한이 없어요. 이런 혜택을 받기 위해서는 세금 우대 저축과 밀접하게 연관되어 있는 신용협동기구 조합원에 대해 알아둘 필요가 있습니다.

세금 우대
저축

────────────── 세금 우대 저축은 저율 과세로 제2금융권 중 신용협동기구인 농·축협, 수협회원조합, 신협, 새마을금고, 산림조합의 조합원과 준조합원에게 혜택이 주어집니다. 조합원 자격 조건은 그 조합 관할 지역에서 농업이나 축산업, 어업 등에 종사하는 사람입니다. 반면, 준조합원은 해당 지역 거주자로 실제 농업, 어업을 하지 않는 일반인도 가입 가능합니다.

준조합원은 만 20세 이상, 가족이 조합원·준조합원인 것과는 별개이며 개인 기준으로 조합원·준조합원에 가입되어 있어야 해요. 가입 방법은 해당 신용협동기구에서 최소한의 출자금을 넣어 계좌를 만들면 됩니다. 그렇게 하면 농·축협, 새마을금고, 수협, 신협, 산림조합 등 해당 기관 준조합원이 될 수 있습니다.

출자금이란 가입한 신용 협동 기구가 망하지 않는다는 전제하에 추후 조합 탈퇴 시 돌려받을 수 있는 조합 회원 가입비라고 생각하면 됩니다. 각 기관이나 지역마다 독립 법인으로 출자금 금액5천 원~10만 원 정도이 다르기 때문에 가입하려는 해당 조합에 문의하는 것이 정확합니다.

세금 우대 저축은 준조합원인 상태에서 예·적금 상품에 가입해야 혜택을 받을 수 있습니다. 준조합원이 아닐 때 가입하면 일반 과세가 적용됩니다.

출자금 통장이
알고 싶다

———————————— 출자금 통장이란 출자금을 별도 통장에 준조
합원 가입비 명목으로 단 한 번만 입금하면 조합 회원이 되는 회원 가
입 통장이자 그 조합에 투자하는 통장입니다. 준조합원 혜택 외 가입
한 조합에 투자하고 싶거나 가입비가 올랐다면 출자금 통장에 돈을 추
가 입금하면 됩니다.

세금을 전혀 내지 않는 비과세 상품으로 1천만 원 이내에서 혜택
받을 수 있습니다. 하지만 예금자 보호가 안 돼 해당 기관이 파산하면
출자금과 배당금을 보장받을 수 없어요. 또한 일반 입출금 통장과 달
리 이 통장에 입금된 돈은 조합의 자본금으로 쓰여 입출금이 자유롭
지 않습니다. 그래서 해지 신청을 해도 다음 연도 해당 금고의 총회 후
지급됩니다. 보통 3월에 통상 지급됩니다. 해지 신청은 12월 30일까지
받고, 만약 그날이 토요일이면 12월 29일 금요일까지 신청해야 해요.
조합마다 운영 방식이 다를 수 있으므로 해지할 계획이 있다면 해당
조합에 연락해서 확인하는 것이 가장 정확합니다.

입금된 출자금에 대해서는 연말 총회를 거쳐 조합 자체의 순이익
에 따라 배당금이 지급됩니다. 물론 결산 실적이 나쁘면 배당이 없을
수도 있습니다. 행여 배당금 때문에 출자금 통장을 예·적금 통장으로
활용하면 위험이 따르기도 합니다. 그러므로 출자금 통장은 준조합원
혜택을 받기 위해 조합에서 제시하는 최소 금액만 넣는 것을 권해요.

만약 출자금 통장을 해지하고 싶은데 이미 세금 우대 혜택이 적용

된 저축 상품에 가입되어 있다면 그 상품을 일반 과세로 전환한 후 해지할 수 있어요. 출자금 통장 해지는 예·적금과 달리 원칙적으로 가입한 곳에서만 가능합니다. 방문이 불가능할 때는, 시간이 걸리는 단점이 있지만 다른 지점에서 출자금 해지 관련 서류를 접수하면 가입한 조합에 통보 및 해지 후 출자금 통장에 들어 있던 돈을 받을 수 있습니다.

10

내겐 너무나 깨기 쉬운
예금과 적금

적금 해지할까 봐요.

중도 해지하면 손해 보거나 불이익을 받지는 않나요?

중도 해지를 몇 번 하고 난 후에는 은행 직원 보기 민망해서 가지도
못 하겠어요.

초반에 과한 의지로 가입한 저축 상품을 해지할까 말까 고민한 경
우 없으세요? 중도 해지하고 새로운 마음으로 저축을 시작하려 해도
마음 한구석에는 '어차피 또 중도 해지할 텐데'라는 생각에 망설이기도
합니다.

적금과 예금은 저축 기간이 길면 길수록 만기일까지 유지하는 사

람은 소수에 불과하다고 합니다. 왜 대부분의 사람들이 만기까지 유지를 못 하는 걸까요?

중도 해지하는
이유

목적 없는 저축과의 만남

중도 해지한 상품을 가입했던 시점으로 돌아가봅시다. 몇 달 전 저축이라는 걸 해야겠다며 별 목적 없이 아무 상품에 가입한 모습이 떠오르지 않나요? 특히 직원의 권유나 누군가의 '카더라 통신'만 듣고 정작 본인에게 맞지 않는 상품에 가입하는 경우가 많아요.

물론 쉽게 결정하기 어렵다면 다른 사람의 의견을 참고하는 것도 좋지만, 나의 자산에 관한 일인 만큼 금융 상품 선택은 당연히 본인 의견이 가장 중요하죠. 예를 들어, 물건 A가 갖고 싶은데 주위 사람들은 물건 B가 좋다고 합니다. 하지만 자기가 열심히 알아본 결과 물건 A가 최선이라 생각한다면 물건 B가 좋다는 사람들이 많아도 선택이 바뀌지 않죠. 이처럼 물건 고를 때는 신중하고 깐깐하게 이것저것 비교하며 후기까지 찾아보면서 금융 상품 선택에는 엄청 관대합니다. 사고픈 물건에 쏟는 관심의 50%만이라도 금융 상품 선택에 쏟는다면 앞으로 재정 상태가 상당히 달라질 것입니다. 남의 돈이 아니라 소중한 내 돈을 모으는 과정이잖아요.

무리한 저축 기간과 금액 설정

저축 상품에 가입할 때 많이 범하는 실수 중 하나는 보이는 숫자 그대로 생각하는 것입니다. 연이율 2.15% 1년짜리와 연이율 3.05% 3년 짜리 두 가지 적금 상품이 있다면 사람들은 대체로 숫자만 보고 3년 적금을 택하는 경우가 많습니다. 일단 금리가 높고 가입 당시에는 3년 정도는 쉽게 유지할 수 있을 거라는 착각에 빠지거든요. 물론 적금과 예금을 오랫동안 운영하는 장기적인 재테크 계획이 있는 거라면 상관 없습니다. 하지만 생전 처음 적금을 넣는데 3년 만기 상품을 선택했다 간 만기까지 가져가지 못할 확률이 커요. 나이 먹는 시간은 빨라도 저축과 관련된 시간은 참 느리게 느껴지거든요. 저축은 자기 자신과의 싸움에서 이겨야 가능한 일이라는 생각이 듭니다.

또 한 달에 저축할 수 있는 금액은 5만 원인데 욕심을 부려 무리하게 월 10만 원짜리 정기 적금 상품에 가입하면 몇 달 넘기지 못하고 그 부담감 때문에 무너지고 맙니다. 가계부로 자신의 소비, 저축 패턴을 분석하지 않고 의욕만 앞세워 계획을 세우는 것도 문제인 거죠.

급전이 필요한 경우

중도 해지하는 이유 중 가장 안타까운 상황이 급전이 필요해서입니다. 지인 사례를 예로 들어볼게요. 지인은 비상금 통장도 없이 노트북을 새로 사기 위해 예금 통장 하나에 가진 돈을 모두 저금했습니다. 저축 금액이 그다지 크지 않았고 여태 저축하면서 중도 해지한 적이 없었기 때문에 만기를 채우는 건 자신 있었죠. 그런데 새 노트북을 구매하기 위해 모은 예금이 만기되기 한 달 전, 간당간당하던 노트북이 갑자기 고장 나버렸습니다. AS센터에서는 새 제품을 사는 게 비용 및 효율 측면에서 낫다고 하고, 바쁘게 처리해야 할 일로 지금 당장 노트북이 필요한 상황이라서 수리를 맡길 수도 없었죠. 수중에 있는 돈은 당장 쓸 생활비 정도의 금액뿐이었고요. 주변 지인에게 큰돈을 당장 빌릴 수도 없는 상황이었어요. 신용카드도 없고 만약 있더라도 예상 못한 소비로 할부 긁으며 복잡한 상황을 만들고 싶지 않았습니다. 한 달만 버티면 되는 거였는데 억울하지만 미리 예비 자금을 준비하지 않은 것을 자책하며 만기를 며칠 남기고 저금을 해지했습니다. '설마 나한테 그렇게 급한 일이 생기겠어' 하며 가볍게 여기겠지만 사람 일은 정말 모르는 거예요. 그러므로 이처럼 비상금 통장 없는 저축 계획은 세우지 말아야 해요.

새로운 고금리 상품으로 갈아타기

워낙 저금리 시대여서인지 예·적금 가입한 이후에도 특판 고금리 상품이 출시되면 중도 해지하고 갈아탈까 말까 고민하는 사람이 많습니다. 이럴 때는 우선 새로운 상품과 기간 대비 금리, 과세 등을 비교하여 기존 상품보다 훨씬 낫다고 판단된다면 그다음에는 중도 해지 이율을 계산하는 것이 중요해요. 가입한 지 며칠 안 됐거나 중도 해지 이율을 계산해서 새로 나온 저축 상품이 유리하면 중도 해지하는 것도 괜찮습니다. 반면 가입한 지 오래됐다면 중도 해지 이율을 적용했을 때 받을 수 있는 이자와 새로운 금융 상품 이자 및 기간을 비교하는 작업이 필요합니다. 시간도 재테크의 일부고, 저축 기간 동안 오른 물가도 고려해야 합니다.

나에겐 불이익이
은행엔 이익

———————— 고객이 금융 상품을 중도 해지하더라도 은행은 손해 볼 일이 없습니다. 만기 때 줘야 할 이자보다 적은 이자를 지급하면 되고, 저축 기간 동안 예치된 돈으로 이윤은 취할 수 있기 때문이죠. 중도 해지는 나에게 이자 손해라는 불이익만 줄 뿐입니다.

적금을 중도 해지했다고 신용이 떨어지거나 실적에 마이너스가 되는 등 금융 거래에 문제가 생기지는 않습니다. 단, 예·적금을 중도 해지할 때는 기본적으로 원금 손실이 없지만, 저축성 보험 등과 관련된 상품은 원금 손실이 발생할 수 있으니 가입도 해지도 신중해야 합니다.

시중 은행의 중도 해지 이율 역시 기간 및 이율만 조금 다를 뿐 거의 비슷합니다. 실제 금액을 한번 계산해볼까요? 예를 들어, 180만 원을 연이율 2.85% 1년 정기 예금에 가입하면 받을 수 있는 이자는 5만 1,300원세전입니다. 하지만 만기 한 달 전에 중도 해지할 때 받는 이자는 중도 해지 이율을 적용해서 약 1만 8천 원세전 정도입니다. 만기일에 받는 이자와 중도 해지 이자가 무려 3배 정도 차이 나는 거죠. 금액이 크면 클수록 격차는 더 벌어집니다.

재테크를 하는 사람이라면 중도 해지해도 단 얼마의 이자를 준다며 그걸로 위안 삼고 좋아해서는 안 됩니다. 중도 해지 예상 조회는 각 은행에서 가입한 상품을 대상으로 확인이 가능합니다.

 중도 해지 이율(세전)

- 1개월 미만 : 0.1%
- 1개월 이상 ~ 3개월 미만 : 만기 기본 이율×50%×경과 월수/계약 월수(최저 금리 0.1%)
- 3개월 이상 ~ 6개월 미만 : 만기 기본 이율×50%×경과 월수/계약 월수(최저 금리 0.1%)
- 6개월 이상 ~ 8개월 미만 : 만기 기본 이율×60%×경과 월수/계약 월수(최저 금리 0.2%)

- 기본 이율 : 신규 가입일 당시 영업점에 고시된 계약 기간별 이율(우대 이율제외)
- 경과 월수 : 입금일 다음 날로부터 해지월 입금 해당 날짜까지를 월수로 하고, 1개월 미만은 절상
- 계약 월수 : 신규 가입일 다음 날로부터 만기 월 해당 날짜까지를 월수로 하고 1개월 미만은 절상(경과 월수는 계약 월수를 초과할 수 없음)
- 이율 표시 : 소수점 둘째 자리까지 표시(소수점 셋째 자리에서 절사)

출처 : 국민은행

의지만으로 저축 상품 가입은 금물

사회초년생일 때는 돈을 모으겠다는 의지가 불끈합니다. 하지만 이런 의지만으로는 기나긴 저축 기간을 견뎌내기 어려워요. 특히 이제 막 돈을 벌기 시작했다면, 사고 먹고 하고 싶은 게 너무 많거든요. 그래서 계획이 아주 중요합니다. 계획을 얼마나 잘 세우느냐가 저축 만기 달성의 성패를 좌우합니다. 상품 가입 전 우선 한 달에 얼마씩 저축할 수 있는지, 기간과 금리는 어떤지 꼼꼼하게 따져봐야 해요. 특히 누군가의 추천은 말 그대로 추천일 뿐 정답이 아닙니다. 수많은 의견 중 하나라고 생각하며 참고만 해야지, 생각하고 알아보기 귀찮다는 이유로 무조건 수용하는 것은 절대 금물입니다. 지금 저축할 돈은 남의 돈이 아니라 자신이 힘들게 벌고, 먹고 싶은 것 사고 싶은 것 다 참아가며 아낀 돈이라는 걸 잊지 마세요.

저축은 1년 단위로 짧게

저는 사회초년생들에게는 무조건 짧고 굵게 저축하라고 조언합니다. 아직 재테크 습관이 잡히지 않았고, 자신이 한 달에 얼마를 어디에 어떻게 쓰는지도 모르는 상태인데, 3년짜리 적금을 만기까지 유지하라고 하는 건 누가 봐도 무리거든요.

자유 적금 역시 몇 달만 반짝, 그 이후에 저축한 기억이 없다면 재테크 초기에는 강제 저축도 필요하답니다. 강제 저축이라는 단어가 좀 부담스러울 수 있지만 자동이체를 통해 매달 적금 통장에 저축하는 방식입니다. 강제 저축을 할 때 명심해야 하는 것은 무리해서 큰 금액을 넣지 않아야 한다는 겁니다. 적은 금액도 괜찮으니 저축 습관이 안 잡혀 있거나 의지가 약한 분들은 오늘부터 시작해보세요. 저 역시 이 방법을 통해 초기 자금을 모았어요.

강제 저축을 1년 바짝 하면 저축 습관은 물론 꾸준히 납입하여 만든 종잣돈도 손에 넣을 수 있습니다. 1년이 부담된다면 6개월 만기도 좋습니다. 요즘은 자유 적금도 자동이체를 통해 강제 저축을 할 수 있고, 여윳돈이 생기면 추가 입금도 가능해서 종잣돈 모으기가 더 쉬워졌습니다.

저축하는 동시에 비상금 통장도 차곡차곡

예·적금 중도 해지를 막는 데도 비상금은 큰 역할을 합니다. 저축을 꾸준히 하고 있어도 비상금 통장을 만들어두고 급전이 필요할 때를 대비해야 합니다. 적은 돈을 통장에 넣는다고 누가 뭐라 할 사람은 아무도 없습니다. 절대 부끄러워하지 마세요. 벅찬 금액으로 중도 해지하는 것보다 소액으로 만기를 채우는 것이 훨씬 더 효율적이랍니다.

저는 일주일마다 소비 통장을 정리하는데, 계획했던 것보다 통장에 잔액이 남을 때가 있습니다. 그러면 남은 돈을 다음 주에 소비할 돈으로 넘기지 않고 자유 적금 통장과 비상금 통장에 넣어둡니다. 2천 원, 5천 원 등 매주 넣는 금액이 다르고, 푼돈에 가까운 적은 금액이지만 그게 모이면 목돈이 되더라고요. 현재 저는 자산의 10% 정도는 비상금으로 유지하며 혹시 모를 일에 대비하고 있습니다.

예금과 적금 분리

통장만 쪼개는 것이 아니라 저축 상품도 쪼갤 수 있답니다. 분할 저축이라고 하는데, 저축할 금액이 크다면 그 돈을 하나의 상품에 저축하지 말고 번거롭더라도 여러 개로 나눠서 가입하는 것이 좋아요.

예를 들어, A씨와 B씨에게 각각 500만 원이 있습니다. A씨는 예금 통장 1개에 500만 원을 저축했고, B씨는 예금 통장 3개에 각각 150만 원, 150만 원, 200만 원으로 나눠 저축했습니다. 그런데 9개월 후 둘 다 급하게 300만 원이 필요하게 되었습니다. 결국 A씨는 500만 원이 들어있는 예금 통장을 중도 해지, B씨는 150만 원이 들어 있는 2개 통장만 중도 해지하고 남은 200만 원 통장은 만기까지 유지합니다. A씨는 9개월 동안의 노력이 허무하게 끝나 처음부터 다시 저축을 시작해야 하지만, B씨는 200만 원 통장을 유지하면서 300만 원을 새로 저축하면 됩니다. 연 2%인 예금 통장에 500만 원을 한 번에 넣든 3개로 나눠 넣든 받는 이자는 동일하므로 나눠서 가입하세요.

적금 상품 역시 매달 50만 원씩 저축할 수 있으면 한 통장에 50만 원을 모두 넣지 말고 몇 개의 통장으로 나눠 넣는 게 좋아요. 통장을 여러 개로 나누는 건 이자를 더 받기 위함이 아니므로 1인 1계좌가 아니라면 동일한 저축 상품을 여러 개 가입해도 됩니다.

"저축 만기가 됐는데, 그냥 놔둬도 되나요?"

A. 가능하지만 추천하지는 않아요! 저축 만기일이 다가오면 목돈을 어떻게 운용해야 할지 머리가 복잡해집니다. 그렇다고 만기가 된 목돈을 통장에 기약 없이 묵혀두는 것은 돈 모을 줄만 알지 이를 활용하는 법은 전혀 모르는 거죠. 물론 만기된 상품을 바로 찾지 않고 놔둬도 만기 약정 이율에 따라 이자가 지급됩니다. 하지만 보통 시간이 지날수록 이율은 점점 낮아집니다.

저는 적금 만기가 되면 즉시 해지 후 1년 예금 상품에 재예치하고 적금으로 또 다른 목돈을 모읍니다. 예금 만기 때는 추가 금액을 포함하여 예금 재예치를 하고요. 괜찮은 예·적금을 못 찾았다면 일반 통장보다 CMA 통장이나 파킹 통장으로 옮겨 단기간 묵혀두면서 대체 상품을 모색하는 것이 좋습니다.

예·적금 만기일이 평일이면 상관없습니다. 하지만 주말이나 공휴일이면 다음 영업일이 만기일이 되며, 이에 해당하는 일수는 만기 약정 이율로 이자를 받게 됩니다. 만약 주말에 묵혀두기 아까워 만기일 직전 영업일에 해지한다면 만기 해지로 인정하고 앞당김 일수 이자를 차감한 후 돈을 찾을 수 있습니다.

만기일이 토요일인 경우(은행마다 다를 수 있음)

- 만기일 직전 영업일인 금요일에 해지 : 앞당김 일수(1일)만큼 약정 이자를 차감하고 만기 약정 이자 지급
- 만기일 다음 영업일인 월요일에 해지 : 2일분(토·일요일) 이자에 대해 약정 이율을 적용하여 이자 지급

일요일 또는 법정 공휴일은 만기 다음 영업일에 해지해야 합니다. 예·적금 상품 중에 만기되면 자동으로 해지되거나 재예치되는 상품도 있는데, 상품 가입할 때 계약서에 신청하면 됩니다. 자동 해지를 선택하면 개설할 때 출금했던 계좌로 입금이 됩니다. 재예치는 동일한 상품으로 가입돼요. 어떤 상품은 자동 재예치를 선택하면 소소한 금리 우대를 재예치되는 상품에 적용해줍니다. 예·적금 상품별로 차이가 있을 수 있으니 해당 은행 고객 센터로 문의하여 한 번 더 확인해보세요.

통장과 친해지기 프로젝트

저축을 흔히 이자를 받기 위한 활동으로만 생각합니다. 재테크에 이자는 당연히 중요합니다. 하지만 요즘처럼 금리가 바닥일 때는 이자만을 위해 저축하는 것도 기운 빠지죠. 1년 열심히 모아도 이자라고 할 게 거의 없거든요. 그렇다고 저축을 안 할 수 없으니, 이자를 받기 위해서가 아닌 '의미 있는 소비를 위한 저축'을 해보면 어떨까요? 누군가는 돈을 모은다는 것 자체가 압박이 되서 돈 모으기가 어렵다는 사람도 있습니다. 이제부터라도 저축과 나 사이에 보이지 않는 벽을 허물어야 합니다. 꾸준히 저축하려고 하는데 번번이 목적을 잃고 충동적 소비로 이어진다면 이 역시 분위기를 바꿔보는 것이 좋습니다.

누군가의 도움 없이 혼자 할 수 있고, 주변 사람들과 함께하면 더 재밌는 '통장과 친해지기 프로젝트'를 소개합니다.

통장 이름
만들기

———————————— 통장 쪼개기로 만든 통장들은 보통 가입한 후 통장 지갑이나 서랍에 넣어두고 다시 꺼내보지 않는 경우가 많죠. 가지고 있는 통장을 잘 활용하고 싶다면 앞으로는 통장마다 이름을 붙여주세요. 구체적인 통장 가입 목적과 기간을 명시하고 스스로 다짐 문구를 적어두면 의미가 부여된 통장으로 재탄생합니다. 비대면으로 개설해 실물 통장이 없어도 온라인상에서 이름을 간편하게 만들 수 있습니다.

이렇게 자신만의 이름을 통장에 붙여놓으면 중도 해지하고 싶은 유혹도 한결 적어지고, 돈을 함부로 사용하면 안 되겠다는 생각이 절로 듭니다. 통장 이름을 만드는 방법은 간단해요. 통장 표지에 펜으로 바로 써도 되고, 라벨지나 견출지를 붙여도 좋아요. 단, 두꺼운 종이나 스티커를 붙이면 ATM에서 통장을 사용할 때 오류가 날 수 있으니 주의하세요.

목표 달성 통장
만들기

──────────────── 이루고 싶은 목표나 사고 싶은 물건이 있으면 정해놓고 이를 위해 돈을 모으는 방법이에요. 제가 지금까지 해본 방법들을 소개할게요.

첫째, 지름신이 내려 비상금 통장에 손을 대거나 저축 통장을 중도 해지한 경험이 있다면, 추가로 품위 유지비 통장을 만들어보세요. 오직 소비만을 위한 돈을 조금씩 모아두는 것으로, 정말 사고 싶은 물건이 생길 때 그 통장에 들어 있는 돈을 쓰면 됩니다.

둘째, 습관을 개선하여 저축하는 방법이에요. 흔히 알고 있는 금연 통장은 담배를 끊으면서 기존에 지출했던 담뱃값을 따로 모으는 통장입니다. 자신의 생활 패턴에 맞춰서 커피 통장, 음주 통장, 택시 통장 등을 만들 수 있어요. 습관도 고치고 저축까지 할 수 있어 일석이조입니다.

셋째, 여행 갈 계획이 있다면 여행 통장에 미리 여유 자금을 모으세요. 저는 1년 적금 통장을 개설하여 한 달에 10만 원씩 모아 만기가 되면 그 돈을 오롯이 여행을 위해 씁니다. 이렇게 계획해서 간 여행은 정말 인상적이었고, 평상시에 써야 할 돈이 아닌 여행만을 위해 모아둔 돈으로 썼기에 여행 후에도 생활비 지출에 타격이 없었습니다.

넷째, 고가 제품 구입이나 충동구매로 생활비에 영향을 주기도 합니다. 소비 변동 폭을 낮추기 위해 신용카드 할부를 자주 이용하는 분들도 많고요. 사고픈 물건이 있다면 그 물건 가격을 목표로 정한 후 목적 통장을 만들어 저축해보세요. 목적 통장을 만들면 과소비, 충동소비가 줄고, 소비 후 돈을 메우는 대신 돈을 모은 후 소비하므로 지출에 대한 만족도가 상대적으로 높습니다. 또한 모으는 과정에서 정말 필요한 소비인지 한 번 더 생각해보게 돼요.

저는 기초 화장품, 렌즈, 신발 등은 목적 통장을 활용하여 제품 가격의 60~70% 자금을 모은 후 삽니다. 그중 신발은 돈을 모으는 과정에서 갖고 싶은 종류와 디자인이 몇 번 바뀌었고, 돈을 모으는 동안 정보도 알아보면서 제 마음에 쏙 드는 신상품을 매장가보다 훨씬 저렴하게 살 수 있었습니다.

다섯째, 야구나 축구, 농구 등 스포츠를 좋아한다면 자유 적금 통장을 활용하여 야구 통장, 축구 통장, 농구 통장을 만들어 경기 결과에 따라 게임하듯 종잣돈을 모으는 방식을 활용할 수도 있어요. 저는 야구를 좋아해서 응원하는 팀이 이기면 1만 원, 좋아하는 선수가 MVP가 되거나 홈런을 치면 1만 원, 연승하면 1천 원 추가, 직접 관람한 경기에서 응원하는 팀이 승리하면 2만 원 등으로 나만의 규칙을 정하고 저축 기간은 1년으로 했어요. 만기가 되어 모인 돈은 목돈 굴리는 자금에 보태거나 갖고 싶었던 것을 구매하는 용도 등으로 활용합니다. 저는 야구 통장을 만들어 모은 돈으로 제가 응원하는 팀을 보러하기 위한 티켓 구매하는 비용에 보탰어요. 지루할 수 있는 저축에 재미를 부여하는 색다른 방법입니다.

생일 통장
만들기

───────────── 생일 통장은 나 자신을 위한 선물로 생일날 적금 또는 예금 통장을 만들어 매년 저축 만기와 함께 목돈을 찾을 수 있는 방법입니다. 만기가 되면 모은 돈으로 자기 자신에게 선물을 할 수도 있고, 새로운 예금에 가입할 수도 있습니다. 이렇게 의미 있는 예·적금 상품 가입을 계속 이어가면서 종잣돈 마련에 한 걸음 다가갈 수 있습니다.

데이트·모임
통장 만들기

───────────── 자주 만나는 사람들과 함께 관리하는 금융 상품을 이용하면 더치페이를 하는 번거로움이나 한쪽에서 돈을 더 많이 내야 하는 부담을 줄일 수 있어요. 데이트 통장과 모임 통장은 상대가 누구인지에 따라 명칭이 다를 뿐 금융 상품을 고르고 활용하는 것은 비슷합니다.

데이트 통장, 모임 통장은 공동 명의 또는 대표자 명의로 통장 발급이 가능합니다. 공동 명의 계좌는 2인 이상이 함께 쓰는 계좌로 확실하게 소속감이 느껴지죠. 통장을 개설하려면 각자 본인 신분증과 도장을 가지고 은행에 방문해야 해요. 방문하기 어려운 구성원이 있다면 해당하는 사람의 신분증, 도장, 위임장 인감 증명서에 등록된 인감 도장 날인,

인감 증명서를 가져가야 합니다. 은행에 따라 다르지만 입금은 자유로 워도 출금은 전원 동행해야 하는 번거로운 곳도 있어요. 그래서 저는 모임 멤버 또는 커플 중 한 사람이 대표자가 되어 대표자 명의로 통장 을 개설하는 것을 권합니다. 대표자 명의는 공동 명의와 달리 혼자 은 행에 방문하여 일반 통장을 개설하는 절차로 만들 수 있고요. 통장 이 름이 개인 이름의 부채으로 나오기 때문에 모임 통장일 경우 '본인 이 름 모임 이름', 데이트 통장은 '본인 이름 상대방 이름'으로 지정할 수 있어요.

은행마다 차이가 있지만 국민은행은 보안 카드와 공인인증서를 따 로 발급하므로 해당 은행에서 예전부터 개인 거래를 하고 있는 상태여 도 헷갈리지 않고 구분이 됩니다. 요즘에는 기존에 갖고 있는 통장을 모임 통장으로 전환해서 이용하는 방법도 있습니다. 대표자는 돈 관리 를 잘하는 사람이 하고, 연말 정산을 위해 한 사람에게 몰아주는 방법 도 있습니다.

통장 개설하는 방법을 알았다면 금융 상품 고르는 꿀팁을 공개할 게요. 금융 회사마다 상품 종류가 다양하지만, 먼저 자유 입출금 통장 은 기본적으로 입출금 수수료가 면제되어야 합니다. 다수가 함께 쓰는 통장이라 입출금이 잦을 수 있어요. 소액이어도 수수료를 내는 건 아 까우니까 수수료 면제 통장으로 가입하세요. 또한 금융 상품을 관리 하는 대표자의 생활반경에 지점 또는 ATM이 많아 이용하기 편리한 은행으로 고르는 것이 좋겠죠.

카드는 데이트나 모임을 할 때 소비하는 패턴과 카드 혜택이 어느 정도 일치하는 것이 중요합니다. 저는 카드를 고를 때 한두 달은 따로 데이트·모임용 지출 내역 가계부를 작성해요. 가계부에 쓰인 내용을 바탕으로 영화, 카페의 비중이 높으면 이와 관련된 카드를 찾아보죠. 이때 혜택이 많다고 무조건 좋은 건 아니에요. 카드는 대부분 전월 실적 조건이 있어 평균적으로 한 달에 얼마 정도 쓰는지 확인하는 것이 필요합니다. 간혹 데이트 통장을 만드는 커플 중에서 통장은 1개, 카드는 각자 1개씩 총 2개를 만들어서 쓰기도 하는데, 각 카드마다 전월 실적이 있어야 혜택을 받을 수 있는 것이 대부분입니다. 카드 하나당 전월 실적이 20만 원일 때 한 달에 합쳐서 40만 원 이상 소비하지 않는다면 그냥 카드 1개로 집중해서 사용하는 게 좋습니다. 또 의외로 카드 디자인을 중시하는 경우가 많은데 생김새보다는 소비 활동에 조금이나마 도움되는 카드를 고르세요.

저축 상품을 이용하고자 할 때는 구성원의 저축 성향에 따라 정기 적금, 자유 적금 중에서 선택하면 됩니다. 요즘에는 금리가 크게 차이 나지 않아 금리보다는 저축할 수 있는 금액을 높이는 것이 더 좋습니다. 또한 모으는 돈의 쓰임새에 따라 기간도 달리하세요. 무조건 저축 기간이 길다고 좋은 게 아니라는 건 이제 다들 아시죠?

통장과 친해지는 방법, 생각보다 간단하답니다. 여러분들도 꼭 실천해보세요.

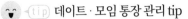 데이트 · 모임 통장 관리 tip

통장 관리하는 대표자는 처음에 귀찮을 수 있지만 본인이 주로 쓰는 계좌와 반드시 분리해야 합니다. 결제, 이체 내역에 섞여 관리하기가 어려울 수 있어요.

- 한 번에 돈을 많이 넣지 마세요. 함께 쓰는 통장을 몇 번 사용하다 보면 잔액이 빠르게 줄어드는 게 느껴집니다. 공돈 같아서 과소비의 원인이 되기도 하고요. 이 문제로 고민하고 있다면 귀찮고 번거롭더라도 일주일 또는 2주일에 한 번씩 입금해보세요. 한 달에 10만 원을 넣는 것과 일주일에 2만 원씩 넣어 사용하는 것은 소비에서도 차이가 생겨요. 실제로 저는 친구와 함께 만든 우정 통장에 매달 10만 원씩 넣다가 통장 잔고가 금방 사라지는 걸 경험하고 친구와 상의해서 일주일에 2만 원씩 넣는 걸로 변경했습니다. 그 결과 일주일에 쓸 수 있는 돈이 2~4만 원으로 확실하게 보이다 보니 긴장하면서 훨씬 유용하게 소비하게 되더라고요. 결과적으로 소비 금액이 매달 1인당 10만 원에서 6~8만 원으로 줄어들었어요. 물론 과소비나 충동구매도 많이 사라졌고요.
- 입금하는 날을 자주 잊어버리면 자동이체를 하세요. 매주, 1개월 단위 등으로 다양하게 이체 기간을 선택할 수 있습니다. 통장을 관리하는 대표자의 수고로움을 덜어줍시다.
- 공돈 통장을 적용해보세요. 체크카드 혜택으로 할인받은 금액을 소비 통장에 그대로 놔두지 말고 커플 또는 모임끼리 따로 저축을 하고 있다면 추가적으로 입금하는 거죠. 저축을 하지 않는다면 자유 적금 통장을 만들어 관리하면 소소한 푼돈이 의외로 많이 모입니다.
- 입금액은 각자 성향이 다르기 때문에 정답은 없습니다. 함께 논의하면서 조율하는 것을 추천합니다.

"나에게 맞는 특판 상품을 볼 수 있는 곳이 있을까요?"

A. 있어요! 끝도 없이 떨어지는 금리로 고금리 금융 상품을 찾는 게 쉽지 않은 요즘입니다. 하지만 이런 상황에서도 고금리 상품은 이벤트처럼 나타납니다.

금융 회사에서 고객의 돈을 단기간에 많이 끌어 모으기 위해 일시적으로 특판 행사를 하기도 하는데, 이 기간을 이용하면 조금은 유리한 저축 상품에 가입 가능합니다. 고금리 특판은 대부분 가입이 조기 종료되니 본인에게 유리하다 판단되면 서두르는 것이 좋습니다. 한 사례로 A은행 특판 적금은 1인당 최대 적립 한도 월 100만 원으로 3,600억 원을 모집했는데 출시 3일 만에 판매가 끝났다고 해요.

하지만 특판 상품 역시 금리가 높다고 해서 무조건 좋은 건 아닙니다. 만약 3년 만기 특판 상품에 무리하게 가입해놓고 유지할 자신이 없어 몇 개월 뒤에 중도 해지하면 시간 대비 이자 측면에서 오히려 손해를 보는 셈이에요. 그러므로 금리보다는 만기까지 갈 수 있는 상품인지가 최우선 고려 사항입니다.

시중에 나온 특판 상품이 자신에게 맞는지 꼼꼼하게 알아봐야 합니다. 남들이 한다고 해서 무리하게 가입할 필요는 없습니다. 간혹 예·적금을 중도 해지하고 특판에 가입하기도 하는데, 오히려 지금 하고 있는 저축을 만기까지 가져가는 것이 이득일 수 있어요. 금리는 변동 금리가 아닌 확정 금리인지, 최소 가입 제한 금액이 있는지 확인해야 합니다. 특판 상품 출시 여부는 각 은행 홈페이지나 전국은행연합회 www.kfb.or.kr 를 통해 확인할 수 있습니다.

12

예·적금
풍차 돌리기

재테크 관련 기사에서 종종 언급되는 풍차 돌리기, 들어본 적 있으시죠? 풍차 돌리기는 매달 저축 상품에 가입해 풍차 날개가 계속 돌아가듯 만기의 기쁨이 한 달에 한 번씩 찾아오게 만드는 저금 방식을 말합니다. 한 달에 2개를 만들 수도 있고, 2개월이나 분기마다 1개를 만들어도 돼요. 통장 개수에 규칙은 없습니다. 기본적으로 매달 일정한 금액을 넣을 수 있을 때 적금과 예금을 풍차 돌리기에 활용하면 됩니다.

적금 풍차 돌리기를 예로 들어 보죠. 월 납입 금액 2~3만 원 정도의 소액으로 매달 적금을 가입하면, 1년 후 첫 적금이 만기되는 시점에 12개 적금이 만들어집니다. 처음 몇 달은 저축 금액이 부담되지 않아요. 하지만 첫 만기가 다가올수록 한 달에 납입해야 할 금액이 늘어나겠죠. 월 2만 원씩 적금을 매달 새로 가입한다면 처음 가입했던 적금이 만기될 시점에는 월 2만 원씩 넣는 12개 적금에 총 24만 원을 저축해야 해요. 그러므로 처음 시작할 때 소액이라 생각하고 쉽게 가입할 것이 아니라 추후 늘어나는 납입액을 충당할 수 있는지까지 계산해서 가입해야 합니다.

예금 풍차 돌리기도 방법은 적금 풍차 돌리기와 동일합니다. 매달 일정한 금액의 종잣돈을 저축하여 1년 후 첫 예금이 만기되는 시점에 12개 예금에 가입되는 방식이에요. 향후 1년간 매달 일정 금액 저축이 가능한 경우에 이용합니다. 예금 풍차 돌리기를 시작하면 1년 동안은 정기 적금과 동일하지만, 1년 후부터 매달 만기된 예금 목돈을 받게 됩니다. 그리고 만기된 목돈을 '원금+이자+추가 금액' 형태로 재예치하면 복리 상품에 가입한 것과 같은 효과를 보게 되죠. 여기서는 예금 풍차 돌리기를 집중적으로 설명하려고 합니다.

목돈 굴리기의 끝판왕, 예금 풍차 돌리기

———————— 풍차 돌리기를 시작하기 전에 반드시 본인의 재테크 상황을 정확히 파악해야 합니다. 예금 풍차 돌리기는 어느 정도 규모가 있는 수입이 지속적으로 들어오는 상황에서 매달 수입의 일부를 저축하는 방식이므로 굳이 원래 있던 목돈을 나눠서 넣는 것은 바람직하지 않습니다. 왜냐하면 원래 풍차 돌리기 목적은 예·적금 중도 해지가

잦거나 기회를 노려 중간에 투자할 때 이자 피해를 최소화하기 위한 방법이기 때문이죠.

예를 들어, 수중에 있는 1,200만 원을 모두 1년 예금에 넣었다고 가정하겠습니다. 그런데 급하게 돈이 필요하거나 좋은 투자처를 발견해 종잣돈이 필요할 때 예·적금을 중도 해지하면 이자에서 손해를 보게 되겠죠. 하지만 풍차 돌리기는 최근에 가입한 계좌 몇 개만 해지하고 남은 계좌는 그대로 만기일까지 계속 유지하면서 만기 이자를 받고, 해지했던 계좌는 새롭게 가입하여 빈자리를 메우는 방식으로 운용할 수 있습니다. 앞서 설명한 예·적금 분할 저축184쪽 참조과 비슷한 맥락이라고 할 수 있어요.

즉, 풍차 돌리기는 수익률보다 유동성 확보라는 장점에 초점을 맞춰야 합니다. 그러므로 저축 기간 동안 예·적금을 깰 정도로 급하게 돈

예금 풍차 돌리기 예시

예금 풍차 1년차

예금 풍차 2년차

(원금＋이자)
＋추가 금액 재예치

예금 풍차 1년 차 (연 2%)	예금 풍차 2년 차 (연 1.8%)	예금 풍차 3년 차 (연 2.2%)	예금 풍차 3년 차까지 총액
1월 : 100만 원	1월 : 1,020,000원 +10만 원	1월 : 1,140,160원 +20만 원	1월 : 1,369,644원
2월 : 100만 원	2월 : 1,020,000원 +10만 원	2월 : 1,140,160원 +20만 원	2월 : 1,369,644원
3월 : 100만 원	3월 : 1,020,000원 +10만 원	3월 : 1,140,160원 +20만 원	3월 : 1,369,644원
. . .	. . .	. . .	. . .
10월 : 100만 원	10월 : 1,020,000원 +10만 원	10월 : 1,140,160원 +20만 원	10월 : 1,369,644원
11월 : 100만 원	11월 : 1,020,000원 +10만 원	11월 : 1,140,160원 +20만 원	11월 : 1,369,644원
12월 : 100만 원	12월 : 1,020,000원 +10만 원	12월 : 1,140,160원 +20만 원	12월 : 1,369,644원

합계 : 16,435,728원(세전)

이 필요한 상황이 발생할 가능성이 별로 없다거나 초기 종잣돈을 모으고 있는 단계라면 무리해서 복잡하게 풍차 돌리기를 하기보다는 기본 예·적금으로 저축을 하는 것이 더 낫습니다.

또한 저금리가 지속될 경우 1,200만 원 정도의 큰돈은 풍차 돌리기보다 600만 원씩 두 번 나누거나 400만 원씩 세 번으로 나눠 가입하는 방법도 있어요. 금리가 좋았을 때는 저도 풍차 돌리기를 했는데, 지금은 모은 목돈을 2~3개 예금으로 분할해서 넣었어요. 금리가 좋아지면 예금 풍차 돌리기를 다시 할 생각입니다.

만약 목돈을 모으기 위해 매달 100만 원씩 일정하게 넣을 수 있다면 일반 적금이 유리하겠죠. 왜냐하면 풍차 돌리기는 1년 차 때는 적금과 동일한 방식이고, 2년 차부터 매달 100만 원에 해당하는 원금과 이자가 나옵니다. 하지만 적금은 1년 후 1,200만 원에 해당하는 원금과 이자를 바로 받을 수 있기 때문입니다.

간혹 적금과 풍차 돌리기를 비교하면서 어떤 방법으로 재테크할지 고민하는데, 적금이 돈을 모으는 목적이라면 풍차 돌리기는 모은 돈을 굴리면서 현금 유동성 확보에 중점을 두는 것이라고 생각하면 됩니다. 예외적으로 딱히 현금 유동성을 확보할 필요가 없어도 매달 만기의 기쁨을 맛보기 위해 풍차 돌리기를 시작하기도 합니다. 풍차 돌리기를 활용할지는 본인의 상황에 어떤 게 맞을지를 생각해보고 결정하면 됩니다.

예금 풍차 돌리기의
장단점

장점

- 분산 저축이 되어 있으므로 현금을 급하게 사용할 일이 생길 경우 중도 해지 비율을 줄일 수 있다.
- 시작하는 1년만 견디면 그 이후부터는 매달 만기를 맞이하는 기쁨을 누릴 수 있다.

- 단리 저축의 상품을 자체적으로 복리 저축 상품으로 운용할 수 있다.
- 세금 우대 저축의 혜택을 효율적으로 사용하고 해지할 수 있다.
- 예·적금 상품은 인터넷 뱅킹이나 모바일 뱅킹으로도 쉽게 가입과 해지가 가능하므로 운용도 어렵지 않다.

단점

- 종잣돈을 모으는 단계거나 소득이 일정하지 않다면 부담될 수 있다.
- 중간에 특별히 돈 쓸 일이 없다면 일반 예·적금 상품이 더 낫다.
- 저금리가 지속되면 손해일 수 있다.
- 매달 가입하고 이후 관리도 해야 하므로 부지런해야 한다.

적은 돈으로 시작하는
52주 적금 챌린지

적은 돈으로 시작할 수 있는 이색적인 저축 방법이 있습니다. 매주 한 번씩 1년52주 동안 52번 저축하는 52주 적금 챌린지인데, 이미 많은 분들이 이 방법을 이용해 푼돈으로 목돈을 만들고 있어요. 준비물은 돈 넣을 계좌, 매주 넣을 수 있는 돈, 52주 적금을 확인할 기록 양식만 있으면 됩니다.

52주 적금은 돈을 어떤 순서로 넣느냐에 따라 세 가지 방법으로 나눌 수 있어요. 1천 원으로 시작해 매주 1천 원씩 늘려서 52주차는 5만 2천 원을 넣는 방식인 '순방향', 5만 2천 원으로 시작해 다음 주는 1천 원, 그다음 주는 5만 1천 원, 그다음 주는 2천 원을 넣는 식으로 큰 금액과 적은 금액을 격주로 입금하는 방식인 '평균 방향', 5만 2천 원으로 시작해 매주 1천 원씩 줄여서 52주차는 1천 원을 넣는 방식인 '역방향'입니다. 자신에게 맞는 방향을 정한 후 시작하면 됩니다.

52주 적금을 할 때 정해진 금액은 없습니다. 단, 1년 동안 매주 넣는 것이 중요하므로 각자 저축할 수 있는 여건에 따라 금액을 설정하면 됩니다. 예를 들어, 여윳돈이 많으면 순방향 시작을 1천 원이 아니라 1만 원, 10만 원 등으로 설정하고 시작합니다. 또한 역방향 시작을 5만 2천 원이 아닌 52만 원으로 해서 1년에 1천만 원 만들기도 할 수 있습니다. 하지만 중간에 넣지 못하거나 중도 해지하는 일이 발생하면 안 되니 무리하지 않는 선에서 하는 게 좋아요.

저축 상품은 12개월짜리 자유 적금 만기 날짜 한 달 전부터 입금이 안 되는 상품도 있으니 그런 경우 13개월짜리로 가입, 저금통, 자유 입출금 통장, CMA 등 납입 금액과 횟수에 제한이 없는 상품이면 좋습니다. 단, 저축에 대한 의지가 약하다면 언급한 상품 중에서 돈 빼내기가 어려운 자유 적금 통장을 추천해요.

52주 적금의 장점은 부담 없이 시작이 가능하고 소액으로도 저축 습관을 기르는 연습을 할 수 있다는 것입니다. 미션을 성공하는 게임 같은 요소도 있고요. 혼자 하는 게 힘들다면 재테크 카페에서 릴레이 적금 인증을 하는 것도 방법입니다. 단점은 일반 적금과 달리 매주 다른 금액을 이체시켜야 하니 귀찮다는 거예요. 그래서 저는 두 달에 한 번씩 예약 이체를 걸어서 귀찮음을 줄였습니다.

52주의 기간이 길다면 한 금융 회사에서는 내놓은 26주 6개월 동안 할 수 있는 저축 상품을 이용해도 좋아요. 일일이 넣지 않고 자동이체를 걸 수 있고, 저축할 때마다 귀여운 캐릭터도 만나는 재미까지 볼 수 있습니다.

52주 적금은 적금 특성에 따라 처음 넣는 금액이 클수록 이자가 조금 더 높아요. 하지만 큰 금액부터 시작하겠다며 차일피일 미루고 있으면 아무 소용없습니다. 시작하지 않으면 아무 일도 일어나지 않아요. 당장 오늘부터 52주 적금에 도전해서 종잣돈을 만들어보세요.

QR코드를 찍으면 '52주 적금 기록 양식' 페이지로 이동합니다.

52주 적금 기록 양식 '순방향' 예시

↗ ▦ 순방향

Aa 회차	날짜	# 금액	☑
1	2020/10/12	₩1,000	☐
2		₩2,000	☐
3		₩3,000	☐
4		₩4,000	☐
5		₩5,000	☐
6		₩6,000	☐
7		₩7,000	☐
8		₩8,000	☐
9		₩9,000	☐
10		₩10,000	☐
11		₩11,000	☐
12		₩12,000	☐
13		₩13,000	☐
+ New			
		SUM ₩91,000	

↗ ▦ 순방향

Aa 회차	날짜	# 금액	☑
14		₩14,000	☐
15		₩15,000	☐
16		₩16,000	☐
17		₩17,000	☐
18		₩18,000	☐
19		₩19,000	☐
20		₩20,000	☐
21		₩21,000	☐
22		₩22,000	☐
23		₩23,000	☐
24		₩24,000	☐
25		₩25,000	☐
26		₩26,000	☐
+ New			
		SUM ₩260,000	

↗ ▦ 순방향

Aa 회차	날짜	# 금액	☑
27	2020/10/19	₩27,000	☐
28		₩28,000	☐
29		₩29,000	☐
30		₩30,000	☐
31		₩31,000	☐
32		₩32,000	☐
33		₩33,000	☐
34		₩34,000	☐
35		₩35,000	☐
36		₩36,000	☐
37		₩37,000	☐
38		₩38,000	☐
39		₩39,000	☐
+ New			
		SUM ₩429,000	

↗ ▦ 순방향

Aa 회차	날짜	# 금액	☑
40		₩40,000	☐
41		₩41,000	☐
42		₩42,000	☐
43		₩43,000	☐
44		₩44,000	☐
45		₩45,000	☐
46		₩46,000	☐
47		₩47,000	☐
48		₩48,000	☐
49		₩49,000	☐
50		₩50,000	☐
51		₩51,000	☐
52		₩52,000	☐
+ New			
		SUM ₩598,000	

52주 적금 기록 양식 '평균 방향' 예시

↗ ▦ 평균 방향

Aa 회차	날짜	# 금액	☑
1	2020/10/09	₩52,000	☐
2		₩1,000	☐
3		₩51,000	☐
4		₩2,000	☐
5		₩50,000	☐
6		₩3,000	☐
7		₩49,000	☐
8		₩4,000	☐
9		₩48,000	☐
10		₩5,000	☐
11		₩47,000	☐
12		₩6,000	☐
13		₩46,000	☐
+ New			
Calculate ∨	Calculate ∨	SUM ₩364,000	Ca

↗ ▦ 평균 방향

Aa 회차	날짜	# 금액	☑
14		₩7,000	☐
15		₩45,000	☐
16		₩8,000	☐
17		₩44,000	☐
18		₩9,000	☐
19		₩43,000	☐
20		₩10,000	☐
21		₩42,000	☐
22		₩11,000	☐
23		₩41,000	☐
24		₩12,000	☐
25		₩40,000	☐
26		₩13,000	☐
+ New			
Calculate ∨	Calculate ∨	SUM ₩325,000	Ca

↗ ▦ 평균 방향 + Add a view Filter Sort

Aa 회차	날짜	# 금액	☑
27		₩39,000	☐
28		₩14,000	☐
29		₩38,000	☐
30		₩15,000	☐
31		₩37,000	☐
32		₩16,000	☐
33		₩36,000	☐
34		₩17,000	☐
35		₩35,000	☐
36		₩18,000	☐
37		₩34,000	☐
38		₩19,000	☐
39		₩33,000	☐
+ New			
Calculate ∨	Calculate ∨	SUM ₩351,000	Ca

↗ ▦ 평균 방향

Aa 회차	날짜	# 금액	☑
40		₩20,000	☐
41		₩32,000	☐
42		₩21,000	☐
43		₩31,000	☐
44		₩22,000	☐
45		₩30,000	☐
46		₩23,000	☐
47		₩29,000	☐
48		₩24,000	☐
49		₩28,000	☐
50		₩25,000	☐
51		₩27,000	☐
52		₩26,000	☐
+ New			
		SUM ₩338,000	

52주 적금 기록 양식 '역방향' 예시

↗ ▦ 역방향

Aa 회차	날짜	# 금액	☑
1	2020/10/07	₩52,000	☐
2		₩51,000	☐
3		₩50,000	☐
4		₩49,000	☐
5		₩48,000	☐
6		₩47,000	☐
7		₩46,000	☐
8		₩45,000	☐
9		₩44,000	☐
10		₩43,000	☐
11		₩42,000	☐
12		₩41,000	☐
13		₩40,000	☐
+ New			
		SUM ₩598,000	

↗ ▦ 역방향

Aa 회차	날짜	# 금액	☑
14		₩39,000	☐
15		₩38,000	☐
16		₩37,000	☐
17		₩36,000	☐
18		₩35,000	☐
19		₩34,000	☐
20		₩33,000	☐
21		₩32,000	☐
22		₩31,000	☐
23		₩30,000	☐
24		₩29,000	☐
25		₩28,000	☐
26		₩27,000	☐
+ New			
Calculate ∨	Calculate ∨	SUM ₩429,000	Ca

↗ ▦ 역방향 + Add a view Sort Q

Aa 회차	날짜	# 금액	☑
27		₩26,000	☐
28		₩25,000	☐
29		₩24,000	☐
30		₩23,000	☐
31		₩22,000	☐
32		₩21,000	☐
33		₩20,000	☐
34		₩19,000	☐
35		₩18,000	☐
36		₩17,000	☐
37		₩16,000	☐
38		₩15,000	☐
39		₩14,000	☐
+ New			
Calculate ∨	Calculate ∨	SUM ₩260,000	Ca

↗ ▦ 역방향

Aa 회차	날짜	# 금액	☑
40		₩13,000	☐
41		₩12,000	☐
42		₩11,000	☐
43		₩10,000	☐
44		₩9,000	☐
45		₩8,000	☐
46		₩7,000	☐
47		₩6,000	☐
48		₩5,000	☐
49		₩4,000	☐
50		₩3,000	☐
51		₩2,000	☐
52		₩1,000	☐
+ New			
Calculate ∨	Calculate ∨	SUM ₩91,000	Ca

(13) 주택 청약 차근차근 준비하기

"주택 청약 아직 가입 안 하셨네요. 지금 판매되고 있는 적금 상품보다 금리가 더 높아요."

저축 상품에 가입하기 위해 은행에 방문하면 주택청약저축 상품에 대해서 종종 듣게 됩니다. '주택?', '청약?', '저축?', 사회초년생이라 내 집 마련 얘기는 먼 미래처럼 느껴지죠. 하지만 결코 그렇지 않아요. 어렵고 남의 일처럼 생각할 수 있는 상품이지만, 주택청약종합저축은 반드시 가입해야 하는 필수 상품입니다.

주택청약종합저축이
뭐예요?

국민 주택 등의 공급을 위하여 이전에는 청약 저축, 청약예금, 청약부금 등으로 구분되어 있던 주택청약 관련 상품들을 '주택청약종합저축'이라는 이름으로 통합한 것입니다. 국민 주택과 민영 주택 등 모든 신규 분양 주택에 청약 신청이 가능해 흔히 '만능 청약 통장'이라고 불립니다.

나이와 자격 제한 없이 국내 거주자 국내 거주하는 재외 동포, 외국인 거주자 포함 라면 누구나 주택청약종합저축 통장을 만들 수 있어요. 단, 청약 자격은 만 19세 이상으로 19세 이하라면 세대주여야 허용됩니다. 모든 금융 회사에서 판매하는 것이 아니라 현재 우리은행, KB국민은행, IBK기업은행, NH농협은행, 신한은행, KEB하나은행, BNK부산은행, BNK경남은행, DGB대구은행에서만 가입이 가능해요. 정부에서 직접 관리하는 상품으로 판매처만 다르니 자주 이용하는 은행 또는 사은품을 주거나 저축 상품, 대출 금리에 대해 금리 우대를 해주는 곳으로 골라도 돼요.

1인 1통장이어서 여러 은행에서 중복으로 가입되지 않아요. 이미 A은행 주택청약종합저축 통장이 있는데 B은행으로 갈아타고 싶으면 해지 후 새로 가입을 해야 해요. 그러나 기존 청약통장의 가입 기간과 납입 금액에 대해서는 인정받지 못하고 새롭게 시작해야 되므로 해지할 때는 신중하게 결정하는 것이 좋습니다.

주택청약종합저축의 만기는 일반 적금과 달리 입주자로 선정, 즉

청약에 당첨되면 자동으로 해지됩니다. 도중에 급하게 돈이 필요해 해지해야 하면 중도 해지도 가능해요.

주택청약종합저축은 변동 금리지만 현재 판매되는 다른 일반 적금 상품보다 금리가 높습니다. 금리는 보통 기준 금리가 변하면 그 영향을 받아 금리가 변경되며 변경일 기준으로 조정된 금리가 적용됩니다. 매월 최소 2만 원 이상 50만 원 이내, 5천 원 단위로 자유롭게 입금이 가능해요. 세금 우대는 비과세 종합 저축이 가능한 사람을 대상으로 본인의 한도 안에서 혜택받을 수 있습니다. 이 통장은 예금자 보호법에 의해 보호되지 않지만 국민 주택 기금 조성 재원으로 정부가 관리하기 때문에 안전합니다.

청년우대형 청약저축으로
갈아타자

──────────── 2030 사회초년생들이라면 더 좋은 상품이 있어요. 기존 주택청약종합저축에서 청약 기능과 혜택은 그대로 유지하면서 우대 금리와 이자 소득 비과세 혜택을 제공하는 청년 맞춤형 청약저축입니다.

혜택을 받을 수 있는 가입대상, 소득, 주택 보유에 따라 가입 여부가 달라집니다. 나이는 만 19세 이상 34세 이하 병역 복무 기간 6년 인정 까지만 가입할 수 있어요. 또한 연 소득 3천만 원 이하로 근로소득, 사업소득, 기타소득에서 소득이 발생해야 합니다. 아르바이트, 프리랜서, 일

용직 신고소득도 인정됩니다. 무주택 세대주거나 무주택세대 세대원 또는 3년 이내 무주택 세대주 예정자라면 신청할 수 있습니다. 단, 세대주는 3개월 이상 연속 유지해야 함.

3년 내 무주택 세대주 예정자란, 현재는 무주택 세대주가 아니지만 3년 이내 무주택 세대주가 될 예정이라면 가입 가능합니다. 더 쉽게 말하면 현재 부모님 명의 집에서 부모님과 함께 거주하지만, 3년 안으로 독립할 예정이라면 된다는 것이죠. 단, 3년 이내로 무주택 세대주를 증명하지 못할 경우 청년우대 금리 혜택은 받지 못합니다.

청년우대형 청약저축 가입 조건

가입 대상	만 19세 ~ 만 34세 이하(단, 병역기간 최대 6년 인정)
소득	연 소득 3,600만원 이하 소득이 있는 자(근로소득, 사업소득, 기타소득 등)
주택 보유 여부	무주택 세대주 무주택세대 세대원 무주택이며 가입 후 3년 내 세대주 예정자

기존 청약과 달리 청년우대형은 가입한 지 2년 이상 지나면 최대 10년에 해당하는 이자 소득에 대해 500만 원까지 원금 연 600만원 한도로 비과세 적용받을 수 있습니다. 기본 주택청약종합저축은 15.4% 일반과세가 붙어요.

가입 및 기존 청약에서 청년우대형으로 전환하기 위해 필요한 서류는 주민등록등본 세대주 증명, 3개월 이내 발급한 서류, 무주택 확인서, 소득확인증명서, 직전년도 소득원천징수영수증으로 은행 및 국세청 홈택스에서 발급 가능합니다. 서류 제출은 온라인이 아닌 직접 창구 방문으로만 가능해요.

주택청약종합저축과 청년우대형 금리 비교

	1개월 초과~ 1년 미만	1년 이상~ 2년 미만	2년 이상~ 10년 미만	10년 이상
기본형	연 1.0%	연 1.5%	연 1.8%	연 1.8%
청년우대형	연 1.0%	연 1.5%	연 3.3%	연 1.8%

단, 청년우대형 청약저축 전환 전에 납부한 금액에 대해서는 우대
금리가 적용되지 않습니다.

청약저축,
만들기만 하면 끝?

————————— 주택청약종합저축 상품은 통장 개설도 중요
하지만 1순위 자격 조건에 맞춰놓는 것도 아주 중요합니다. 최근 1순위
조건이 완화되면서 수도권은 12개월 납입, 지방 수도권 외 은 6개월 이상
꼬박 넣으면 충족됩니다.

(단위 : 만 원)

구분	청약 가능 전용 면적			
	85m² 이하	102m² 이하	135m² 이하	모든 면적
서울, 부산	300	600	1,000	1,500
기타 광역시	250	400	700	1,000
기타 시, 군	200	300	400	500

또한 주택 종류마다 중요하게 생각해야 할 부분이 다른데, 국민 주택은 청약 납입 회차가 중요하고, 민영 주택은 납입 회차에 상관없이 지역별 예치 금액 납입 여부가 중요합니다. 민영 주택뿐 아니라 국민 주택 청약까지 당첨 확률을 높이려면 월 납입 금액을 2만 원이 아닌 10만 원으로 넣는 것이 좋습니다.

🙂 tip **청약 가산점을 잘 받는 세 가지 tip**

- 무주택 기간이 길수록
- 부양 가족이 많을수록
- 청약저축 가입 기간이 길수록

연말 소득 공제
혜택도 가능

주택청약종합저축, 청년우대형 청약저축은 총 급여액이 7천만 원 이하 근로자인 무주택 세대주 세법이 정한 대상자는 해당 과세 연도 연간 240만 원 한도 한 달에 20만 원씩의 40%인 96만 원까지 공제 혜택을 받을 수 있어요. 초과 금액은 소득 공제가 되지 않으므로 그 이상은 납입하지 않아도 됩니다. 단, 총 급여 7천만 원 이상인 무주택 근로자는 기존 연 120만 원 한도가 유지됩니다. 본인이 무주택자라면 연말까지 가입한 은행에 무주택 세대주를 확인할 수 있는 주민등록등본과 무주택 확인서를 제출해야 소득 공제를 받을 수 있어요.

"주택청약종합저축을 돈 모으는 용도로 사용해도 되나요?"

A. 가능하지만, 별로 추천하지 않아요! 시중 일반 적금보다 상대적으로 금리가 높지만 단기 자금을 모으기 위한 도구로 주택청약종합저축은 적합하지 않아요. 청약 가산점 중에 가입 기간도 중요한 부분이기 때문에 만기가 정해지지 않은 주택청약종합저축은 목돈 모으기 및 굴리기 용도로 추천하지 않습니다. 중간에 해지해야 할 자금이라면 조금 금리가 낮더라도 일반 적금 상품에 돈 모으는 것을 권합니다. 주택청약종합저축은 이름에 걸맞게 주택 마련을 위한 통장으로 장기간 관리하면서 활용하는 쪽으로 고려해보세요.

PART 5

제대로 쓰면
돈 버는
카드 사용법

카드를 쓰면 돈 모으기 어렵다고 생각합니다. 하지만 나의 소비 패턴과 잘 맞는 카드를 사용하면 할인도 받을 수 있고, 포인트까지 쌓을 수 있습니다. 현명한 카드 사용으로 많은 혜택과 함께 소득 공제도 챙겨보세요.

①

내게 맞는 카드 선택하기

생활 속에서 결제하기 위한 수단으로 현금, 체크카드, 신용카드 등을 이용합니다. 각각 장단점이 존재하지만 가계부를 쓰면서 본인의 소비 패턴을 제대로 알고 이에 맞는 수단을 고른다면 단점은 보완하고 장점은 더 살려서 사용할 수 있습니다.

저는 20대 후반까지 현금과 체크카드만 썼어요. 금융 회사에 방문할 때마다 신용카드 신청 권유를 받았지만 혜택에 비해 단점으로 언급하는 할부, 과소비를 제가 감당할 수 없다고 생각했거든요. 그때까지 가진 돈으로만 소비를 하는 습관을 들였고, 목돈을 써야 할 때는 미리 돈을 모은 후에 결제하는 습관을 지속적으로 유지했기 때문에 더욱 그러했죠. 그 이후 스스로 소비 통제가 가능하다고 판단했을 때 신용카드를 만들었고, 신용카드 혜택을 받기 위해 전월 실적에 맞춰서 계획적으로 사용하면서 충동소비, 과소비는 하지 않고 혜택만 톡톡히 받고 있습니다.

재테크를 시작하려고 할 때 많은 분들이 신용카드부터 없애라는 말을 하는데, 저는 신용카드 사용이 잘못된 거라고 생각하지는 않아요. 진짜 잘못된 것은 신용카드가 아니라 그 카드를 올바르게 사용하지 못하는 사용자인 경우가 많거든요. 현재 신용카드로 소비 조절이 안 된다고 판단된다면, 체크카드 사용으로 한정된 돈 안에서 생활하는 습관부터 만들어보고 소비패턴이 정착되었을 때 다시 신용카드 쓰는 걸 권합니다. 체크카드도 신용카드 못지않은 혜택을 누릴 수 있으니까요.

체크카드가
뭐야?

──────────────── 체크카드는 직불카드와 신용카드를 합친 지급 수단으로 카드와 연계된 계좌의 잔액 범위 안에서만 사용할 수 있는 카드예요. 사용 시간에 제한이 있는 직불카드와는 달리 체크카드는 전국 모든 신용카드 가맹점에서 항상 이용할 수 있어요 체크카드 점검 시간 제외. 전자 상거래는 물론 카드 종류에 따라 해외에서도 사용이 가능합니다.

체크카드는 신용카드처럼 제휴된 가맹점에서 결제하면 지난달 실적 기준으로 할인 및 적립 혜택이 주어지기도 해요. 카드마다 전월 실적 금액에 차이가 있으므로 혜택보다 본인의 소비 패턴에 맞는 체크카드를 고르는 것이 중요합니다.

체크카드는 물건 구매 시 즉시 계좌에서 돈이 빠지기 때문에 신용카드처럼 현금 서비스나 할부 기능이 없습니다. 그래서 능력 이상 소비하는 것을 방지해주죠. 연회비는 기본적으로 없지만 일부 체크카드는 연회비를 받기도 해요. 자유 입출금 통장 계좌를 갖고 있으면 발급 가능합니다. 또한 체크카드 거래 실적은 은행 기록에 남아 은행 자체 신용도 평가 등급 향상에 반영되어 추후 은행 거래에도 도움이 됩니다.

체크카드 기반 하이브리드 상품도 있습니다. 기본적으로는 체크카드와 같지만 잔고가 없으면 소액 평균 10~30만 원은 신용 결제가 가능한 카드죠. 편리한 기능이지만 명심해야 할 점은 결제일에 통장 잔고가 부족하면 연체가 잡히고, 연체 이자는 신용카드 이자로 적용된다는 것입니다.

또한 결제 금액도 분할이 안 됩니다. 예를 들어, 결제 금액이 3만 원인데 현재 통장에 2만 원밖에 없다면 부족한 1만 원만 신용 결제가 되는 것이 아니라 3만 원 모두 신용 결제가 되어 소비 규모를 흐트러뜨릴 우려가 있습니다. 평소 소비 통제가 잘 안 된다면 오로지 체크카드 기능만 있는 상품을 사용하는 걸 권합니다.

신용카드는 체크카드와 달리 지금 계좌에 잔액이 없어도 카드 가입할 때 신용에 기반하여 받은 한도 금액 안에서 사용할 수 있는 카드예요. 카드 결제가 가능한 곳에서 항상 이용할 수 있어요. 신용카드 역시 지난달 실적에 따라서 카드 혜택이 주어지는데, 대부분 체크카드보다 혜택이 많아서 쉽게 유혹에 빠져 소비 통제가 어려워지기도 합니다. 다양한 혜택들을 누리기 위해 본인이 소비할 수 있는 금액보다 더 많은 금액을 결제하고 지금 당장 돈이 없어도 할부로 결제해서 어느 순간 할부의 노예가 되어버리는 경우도 있어요.

하지만 신용카드 장점에 집중해서 사용하면 예상 외로 소비 감소 효과도 볼 수 있습니다. 저도 처음에는 신용카드를 소비 절제를 무너뜨리는 무서운 존재라고만 여겼는데, 막상 신용카드 장점만 이용하겠다고 다짐하고 체크카드와 함께 계획적으로 조절하면서 사용하니 오히려 체크카드만 사용할 때보다 실 지출이 줄어들었습니다. 본인 스스로 신용카드를 통제할 수 있다면 마냥 나쁜 존재는 아니라는 걸 느낄 수 있어요. 단, 조금이라도 능력 밖의 소비를 신용카드 도움으로 하고 있다면 체크카드만 사용하는 것이 더 낫습니다.

신용카드는 이번 달에 사용한 금액을 모아 다음 달에 결제하는 후불 구조라 결제 대금이 청구되는 결제일이 존재합니다. 결제일은 신용카드 발급 신청할 때 날짜를 고를 수 있으며, 결제일별 이용 기간은 카드사마다 조금씩 다릅니다. 가계부를 쓰거나 자금을 관리할 때 헷갈리지 않도록 전월 1일부터 말일까지를 이용 기간 결제일로 설정하는 것을 추천합니다.

카드사별 전월 1일부터 말일 이용 기간

12일	현대
13일	하나
14일	신한, 삼성, 우리, 롯데, 국민

똑똑하게 카드 쓰기

———————— 체크카드와 신용카드를 제대로 사용하려면 기본 용어 및 사용 방법을 알아야 합니다. 너무 기초라서 누군가에게 물어보기 부끄러울 수 있는 질문을 골라봤습니다. 제 블로그와 카페에서 많이 받은 질문 중 대표적인 것 다섯 가지예요. 기본적인 내용이지만 의외로 모르는 분들이 많은 것 같아요. 카드를 처음 발급받은 사람은 물론이고 몇 년 동안 아무 생각 없이 사용했던 사람들도 궁금했을 내용들입니다.

전월 실적이 뭐예요?

카드로 지난달 1일부터 말일까지 이용한 승인 금액을 말합니다. 현재 2023년 1월이라면 전월은 2022년 12월이 되겠죠 전전월 : 2022년 11월, 3개월간 : 2022년 10~12월.

카드 실적은 어떻게 채우나요?

먼저 전월 실적 기준이 30만 원이라면 횟수에 상관없이 기간 안에 30만 원 이상 해당 카드로 결제해야 합니다. 29만 9천 원을 썼다 해도 기준 금액을 넘지 않았으므로 실적 인정이 안 되는 거예요. 그래서 실적을 채우겠다며 카드를 필요 이상 쓰는 경우가 발생합니다. 여기서 함정은 카드를 이용한다고 모두 실적으로 인정되는 것도 아니라는 거예요.

실적 인정이 되는 항목들을 잘 살펴봐야 해요. 먼저 카드로 오프라인에서 물건을 사는 경우는 대체적으로 실적 인정이 돼요. 영수증에 결제한 카드에 관한 정보가 나오고 SMS 신청을 했다면 문자로도 바로 결제 확인이 가능해요. 카드에서 자동이체가 되도록 해둔 것도 실적에 포함됩니다. 통신 요금, 기부 단체 후원, 음원 사이트 등에서 매달 자동으로 일정 금액이 나가는 것으로 SMS 및 계좌 조회 등으로 확인 가능합니다.

교통비가 실적으로 잡히는지의 여부는 카드마다 다릅니다. 지하철, 시내버스 등 카드 단말기에 찍는 교통카드 실적은 인정되지 않는 경우도 있거든요. 하지만 고속버스표, 기차표, 내일로 티켓 결제처럼 표를 직접 구매하는 것은 대부분 카드 실적으로 인정됩니다.

반면 카드로 현금 인출을 하거나 카드와 연계된 통장에서 계좌 이체를 하는 경우 그 금액은 실적과 상관이 없습니다. 카드를 사용하지 않고 통장에 필요한 전월 실적만큼 돈을 넣어뒀다고 해도 실적으로 인정되지 않고요. 참고로 카드로 결제하고 할인 혜택을 받은 경우, 카드 설명서 전월 실적 부분에 '할인받은 금액은 실적 제외'라는 언급 ~~가 카드~~ ~~설명서 참조~~이 없다면 할인받기 전 최초로 결제한 금액이 실적으로 인정됩니다.

예를 들어, 영화관에서 7천 원 이상 사용하면 4천 원을 할인해주는 카드로 영화표를 9천 원에 구매했습니다. 며칠 뒤 카드와 연계된 계좌로 4천 원이 환급되거나 청구일에 할인받은 금액이 차감됩니다. 이때 실적은 할인 금액을 제외한 5천 원이 아닌 처음 결제했던 9천 원으로 인정되는 겁니다. 반면, '할인받은 금액은 실적 제외'라면 동일한 예시일 때 할인 금액 4천 원을 제외한 5천 원만 실적이 인정됩니다.

카드 최초 발급 시에는 제공되는 혜택을 모두 받을 수 있나요?

카드사마다 다르지만 보통 신규로 가입할 때는 전월 실적 없이 며칠 동안 해당 카드 혜택을 누릴 수 있습니다. 단, 무실적 기간에는 제한되는 혜택도 있으니 해당 카드의 상품 설명서를 반드시 확인해야 합니다.

전월 실적을 못 채우면 어떻게 되나요?

전월 카드 사용액이 실적 기준 금액에 미달되면 이번 달에는 혜택을 못 받습니다. 하지만 이번 달에 실적을 채우면 다음 달에는 혜택을 받을 수 있어요.

카드 혜택을 효율적으로 이용하는 방법은 무엇인가요?

카드 종류마다 혜택 이용 방식이 다릅니다. 전월 실적만 채우면 혜택을 이용할 수 있는 경우(나, 최소 결제 및 1회 최대 한인 금액 조건 등 있음)도 있고, 전월 실적을 채우면 실적 금액에 따라 통합 할인 한도를 부여하는 경우(나, 최소 결제 및 1회 최대 한인 금액 조건 등 있음)도 있어요. 전월에 20만 원 이상 결제해 통합 할인 한도가 5천 원이 주어졌다면, 이번 달 최대로 받을 수 있는 환급액이 5천 원이라는 말이에요. 7천 원 이상 결제하면 4천 원 환급되는 영화관과 금액 상관없이 20% 할인되는 커피 전문점에서 1만 원을 카드로 결제했다면, 원래는 영화관 4천 원 할인과 커피 전문점 2천 원 할인을 받아서 총 6천 원을 환급받아야 합니다. 그런데 영화관 4천 원 할인이 적용되면 통합 할인 한도는 1천 원밖에 안 남아서 남은 한도 1천 원만 할인받게 됩니다. 이후에는 남은 혜택 한도가 없어서 다른 할인 혜택은 이번 달에 이용하지 못하는 거죠. 그리고 통합 할인 한도는 다 못 썼더라도 대부분 이월되지 않습니다.

카드로
소득 공제 챙기기

신용카드 소득 공제

신용카드는 총 급여(비과세 급여 제외)의 25% 초과분부터 카드 사용액의 15%를 공제받습니다.

• {카드 사용액 - (총 급여액×25%)}×15%

예를 들어, 총 급여액이 3,200만 원일 경우 25%인 800만 원 넘게 신용카드를 써야 소득 공제 자격 조건에 충족합니다. 신용카드로 1,200만 원을 사용했다면 신용카드 소득 공제 금액은 60만 원입니다. 만약 그 이하로 사용했다면 신용카드 소득 공제는 받을 수 없습니다.

총 급여가 7천만 원 이상 1억 2천만 원 이하라면 신용카드를 아무리 많이 써도 최대로 받을 수 있는 소득 공제는 250만 원까지고, 연봉이 1억 2천만 원을 넘으면 200만 원까지 가능합니다.

체크카드 소득 공제

체크카드는 총 급여의 25% 초과분부터 카드 사용액의 30%를 공제받습니다 현금, 지역화폐 사용도 동일함.

• {체크카드, 현금, 지역화폐 사용액 - (총 급여액×25%)}×30%

총 급여의 25%까지는 신용, 체크, 현금, 지역화폐 중 어떤 걸 사용해도 상관없어요. 단, 신용카드 혜택을 챙기면 소소한 이익을 더 볼 수 있죠. 이때 해외에서 결제한 금액, 단기카드 대출은 사용 금액에서 제외됩니다. 그렇다고 우선적으로 신용카드만 계속 사용할 필요는 없습니다. 정산할 때는 1년간 총 사용 금액에서 신용카드 사용액부터 차감,

그다음에는 체크카드, 현금, 지역화폐 사용액 차감으로 25%를 채우고, 나머지 초과분을 소득 공제해주기 때문이죠.

소득 공제에서 제외되는 항목은 보험료, 교육비다. 취어 진 이동 하원 비는 가능, 기부금, 월세액, 자동차 구입비 중고 자동차 구입한 경우 구입 금액의 10%가 공제 대상 사용 금액에 포함, 면세물품 구입 비용 등입니다.

신용카드의 각종 혜택과 소득 공제를 위해 신용카드를 쓰는데 체크카드만 쓸 때보다 나의 지출 규모가 커졌다면, 다시 체크카드로 돌아가 한정된 자금 안에서 소비하는 연습을 충분히 한 다음 재도전하는 것도 방법입니다. 소득 공제나 혜택을 받는 것도 중요하지만 커져버린 소비를 줄이는 게 첫 단계이기 때문입니다.

카드 추가 소득 공제

체크카드, 신용카드 사용으로 각각 받는 공제 외에 추가로 공제받을 수 있는 항목이 있습니다. 첫 번째로 문화비 소득 공제입니다. 급여소득자가 도서 구입 및 공연관람, 박물관 및 미술관 입장료, 종이신문 구독료에 소득 공제를 해주는 제도로, 연간 총 급여 7천만 원 이하 근로소득자 중 신용카드 등의 사용 금액이 총 급여의 25%를 초과하는 경우, 연간 100만 원 한도에서 도서 및 공연 결제 금액의 30%를 공제받습니다.

- {카드 사용액－(총 급여액×25%)}×30%

단, 인터넷 신문, 중고거래 사이트를 통한 개인 거래, 도서 구매 없이 대여한 비용, 잡지는 해당하지 않습니다. 전자책은 국제표준도서번호로 ISBN 외 ECN도 가능합니다. 캐시나 포인트로 구매한 전자책은 불가능하니까 참고하세요. 한도는 100만 원으로 카드 사용으로 받는 소득 공제 한도와는 별개로 추가 적용됩니다. 즉, 신용카드로 본인이 받을 수 있는 소득 공제 최대 한도를 받았더라도 100만 원까지는 추가 공제된다는 것이죠. 최대 한도로 받기 위해서는 1년에 330만 원 이상 도서와 공연뮤지컬, 연극, 콘서트, 오페라O / 영화X, 박물관, 미술관에서 소비하면 됩니다.

두 번째로 전통시장입니다. 전통시장은 100만 원 공제 한도로 40% 공제 가능, 제로페이도 100만 원 공제 한도로 소상공인 가맹점은 40%, 일반 가맹점은 30% 공제율입니다.

세 번째로 대중교통입니다. 대중교통은 100만 원 공제 한도로 40% 공제율이 적용됩니다.

급여에 따른 소득 공제율

연봉	신용카드 15% 현금(체크) 30%	대중교통 40%	전통시장 40%	문화, 도서 30%	총 한도
7천만 원 이하	300만 원	100만 원	100만 원	100만 원	600만 원
7천만 원 ~ 1억 2천만 원 이하	250만 원	100만 원	100만 원	100만 원	550만 원
1억 2천만 원 이상	200만 원	100만 원	100만 원	100만 원	500만 원

② 체크카드는 현금 거래, 신용카드는 신용 거래

월간 통합 할인 한도와

이용 금액 한도 확인하기

――――――――――― 신용카드는 신용을 담보로 돈을 빌려 쓰는 것
이고, 체크카드는 본인이 가지고 있는 통장 잔고 안에서 지불하는 결
제 수단입니다. 그러므로 신용 및 일정 금액 이상 자산, 정기적인 수
입 등 여러 요소가 발급에 영향을 미치는 신용카드와 달리 체크카드
를 발급받을 때는 신용 조회를 하지 않으며 보유 카드 개수나 해지 여
부가 신용 등급에 영향을 주지 않습니다. 단, 소액 신용 결제가 가능한
하이브리드 체크카드를 발급받으면 통장에 없는 돈을 쓰는 것이므로
신용 조회를 하게 됩니다.

연체도

습관이다

───────────── 신용카드는 결제일에 청구 금액이 제대로 빠지지 않으면 연체가 되죠. 반면, 체크카드는 연체가 없다고 생각할 수 있어요. 하지만 후불 교통카드 기능이 있는 체크카드라면 그 부분에 있어서는 신용카드 역할을 하게 되는 셈입니다. 카드사마다 교통 요금을 처리하는 방식이 달라 후불 교통카드 기능을 한 번이라도 이용한다면 교통 요금 출금 날짜에 각별히 신경 써야 합니다. 연체도 습관이 될 수 있으므로 주의해야 해요.

또한 신용 평점 관리의 기본은 소액이라도 연체 없이 이용하는 것

 국민카드 후불 교통카드 관련 정보

- 출금일 : ① 1~15일에 이용한 교통 요금은 15일 + 3영업일째 출금
  ② 16~말일에 이용한 교통 요금은 말일 + 3영업일째 출금
  ※ 다른 카드사와 달리 월 2회 출금
- 출금 시간 : 출금 당일 오후 5시 30분 이전까지 교통 요금 계좌에 입금하면 야간에 순차적으로 빠져나감. 단, 오후 5시 30분 이후에 돈을 넣으면 정상적으로 출금되지 않을 수 있으며 추후에 결제되면 연체료가 부가될 수 있음
- 연체료 : 출금 당일에 미납이 발생하면 연체료가 청구되고 미납액이 1만 원 이상이면 출금일+2영업일에 후불 교통 거래가 정지될 수 있음

(출처 : 국민카드 고객 센터)

신한카드 후불 교통카드 관련 정보

- 출금일 : 전월 1~ 말일에 이용한 교통 요금은 매월 3영업일에 출금
- 출금 시간 : 출금 당일 은행 영업 마감 시간(평균 오후 4시 전)까지 해당 금액이 입금되어 있어야 정상 출금 가능. 그 이후에 돈을 넣으면 다음 날 빠질 수 있음. 통장 잔액만큼 부분 출금될 수 있고 완납할 때까지 매 영업일 출금 요청됨
- 연체료 : 카드 결제일까지 미납하면 다음 날부터 연체료 청구 또한 카드 결제일 + 4영업일까지 미납 시 다음 날 후불 교통 거래가 정지될 수 있음

(출처 : 신한카드 고객 센터)

 우리카드 후불 교통카드 관련 정보

- 출금일 : 결제일 이용 주기에 따른 교통 요금은 결제일에 출금
  예시) 결제일이 1일인 경우 이용 주기는 전전월 17일~ 전월 16일
- 출금 시간 : ① 1차 회수 영업 시간 전 교통 요금 예치했을 경우(새벽 3시 ~ 새벽 7시)
  ② 2차 회수 영업시간 내 교통요금 예치했을 경우(오후 5시 ~ 오후 7시)
  - 2차 출금시간 이후 최종 오후 7시 50분까지 입금하면 즉시 자동으로 출금
  - 1차 회수에 미처 결제되지 않은 금액이 있더라도 2차 회수 때 남은 금액이 결제되면 연체 처리되지 않음
- 연체료 : 출금 당일에 미납이 발생하면 연체료가 청구되며 연체료는 우리카드 수수료 그룹에 따라 차등 적용됨

(출처 : 우리카드 고객 센터)

입니다. 여기서 소개하는 3개 카드사 모두 미납 기록을 신용도에 즉시 반영하지는 않더라도 카드사마다 자체적으로 연체 기록을 관리합니다. 연체 기록이 쌓이면 추후 신용도를 평가할 때 문제가 될 가능성이 높아요. 미납으로 인한 연체가 걱정된다면 후불 교통카드가 아닌 선불 교통카드를 이용하는 것도 방법입니다.

혜택받으려고
소비한다는 핑계

—————————— 신용카드, 체크카드 각 카드마다 전월 실적 또는 실적이 없는 무실적에도 다양한 혜택이 있습니다. 왠지 혜택이 괜찮아 보이고 지금 당장은 필요 없어도 나중에 사용할 것 같아 하나둘 발급받다 보면 통장처럼 카드가 쌓이죠. 나중에는 소비를 통해 추가적으로 혜택을 받는 게 아니라 혜택을 받기 위해 소비로 실적을 채우는 때가 찾아옵니다.

A씨는 월 평균 25~30만 원을 씁니다. 몇 달 전 은행 직원 추천으로 새로 만든 B카드는 월 30만 원 이상 결제해야 혜택을 받을 수 있습니다. A씨는 평소 커피를 즐겨 마시지 않지만, 카드 혜택 중 '월 2회 커피 전문점 20% 할인'을 안 쓰는 게 아까워서 사용했습니다. 원래 5천 원에 구입할 음료를 카드로 할인해서 4천 원에 마셨어요. 다행인지 불행인지 이번 달 소비를 적게 해서 말일이 되었는데도 카드 결제액은 27만 원입니다. 3만 원을 더 긁어야 다음 달 혜택을 받을 수 있게 되는 거

죠. 다음 달 혜택을 받기 위해 계획에는 없었지만 사두면 언젠가 입을 바지를 3만 5천 원에 구매해서 실적을 채웠습니다.

한 달 동안 A씨는 카드 혜택 및 실적을 위해 안 써도 될 3만 9천 원을 지출했습니다. 그렇게 A카드로 할인받은 금액은 다 합쳐 5천 원 정도. 물론 할인을 아예 안 받는 것보다 조금이라도 받는 게 낫습니다. 하지만 혜택 및 실적 충족 때문에 쓰지 않아도 될 돈을 소비하는 문제가 생깁니다. 카드를 선택할 때 혜택에 너무 중점을 두지 마세요. 적은 혜택을 받으려다 오히려 소비가 늘어나고 맙니다.

내게 맞는 카드 고르기

가계부를 3개월 이상 꾸준히 작성하면 자주 소비하는 항목이 나옵니다. 저는 교통비와 식비 항목의 비중이 상대적으로 높습니다. 그래서 카드를 고를 때 가계부 자료를 가지고 2개 항목에 대해 할인 또는 캐시백이 되는 카드를 찾아봤어요. 평소 커피, 영화 등도 소비하는 항목이지만 모든 분류에 대해 혜택을 받으려면 카드 사용을 더 많이 해야 하므로 포기할 부분은 과감하게 포기하고 적더라도 해당 분류의 혜택이 있는 카드를 골랐습니다. 심사숙고해서 카드를 선택했지만 이 카드를 평생 쓸 건 아닙니다. 소비 패턴이 바뀔 때 조금씩 보완하며 주로 사용하는 카드 목록을 꾸준히 리뉴얼하는 것이 중요합니다.

최근에는 이용하고 싶은 혜택과 실적 금액을 선택하면 수많은 카드 중에 나에게 맞는 카드 목록을 정리해주는 사이트도 생겼습니다. 단, 추천해주는 카드를 그대로 믿지 말고 혜택받을 수 있는 최소 결제 금액, 횟수 등 자세한 내용은 해당 카드 설명서를 꼼꼼하게 읽어보길 바랍니다. 카드사에서 수익이 안 되는 카드를 단종하거나 기존 혜택을 축소한다는 소식이 꾸준하게 들려옵니다. 그러니 지금 받을 수 있는 혜택들을 잊지 말고 꼼꼼하게 확인하며 받아야 해요.

📟 **카드 추천 사이트**

- 뱅크샐러드 : www.banksalad.com
- 카드고릴라 : www.card-gorilla.com

카드 사용은 최소로,
혜택은 최대로

주로 사용하는 카드가 몇 개 없다면 그에 해당하는 혜택을 어느 정도 기억할 수 있습니다. 하지만 여러 개 카드를 쓰면 '이 혜택은 이 카드였나? 저 카드였나' 헷갈려서 가끔씩 엉뚱한 카드로 긁고 후회해요. 나름 기억력이 좋다고 자신하던 저 역시 실수를 해서 못 받은 혜택이 얼마나 되는지 모르겠네요. 어떻게 하면 야무지게 기억할 수 있을까 생각하다 세 가지 방법을 이용해보았습니다.

첫째, 카드 자체 활용입니다. 카드를 보면 빈 공간이 곳곳에 있습니다. 카드에서 무슨 디자인을 논하느냐, 혜택과 실용성을 중요시한다면 망설이지 말고 카드 빈 공간을 활용해보세요. 지워지지 않는 펜으로 해당 카드의 혜택을 서명 칸을 피해서 카드 앞뒷면에 써넣는 거죠. 이렇게 이야기하면 그 많은 자잘한 혜택을 적을 공간이 어디 있느냐고 반문합니다. 물론 모든 혜택을 적을 필요는 없어요. 자주 사용하는 분야의 혜택 위주로 적으면 됩니다. 얇은 스티커나 투명 라벨지에 적어서 카드 위에 붙이는 것도 좋습니다. 문서로 만들어 프린트해서 붙이면 더 깔끔하죠. 오래 사용하면 스티커가 벗겨질 수 있지만 편하게 사용할 수 있는 방법 중 하나입니다.

둘째, 표를 이용하는 방법입니다. 카드 혜택은 전월 실적만 채우면 무한정 기회가 주어지는 것이 아닙니다. 혜택을 받기 위한 최소한의 결제 금액을 충족시켜야 하고 한 달에 몇 번만 사용할 수 있는 한정된 횟수 등 제약 요소가 많아요. 예를 들어, A카드는 영화관 35% 할인이 있습니다. 하지만 설명서를 조금 더 자세히 읽어보면 티켓을 1만 원 이상 카드로 결제해야 가능하다고 적혀 있습니다. 표를 2장 구매하는 거라면 상관없지만, 1장만 결제한다면 35% 할인을 받을 수 없는 거죠.

또한 영화를 정말 좋아해서 영화관에 자주 간다고 해도 하나의 카드로 한 달에 혜택을 받을 수 있는 횟수는 정해져 있어요. 만약 횟수 제한이 월 2회라면 한 달에 영화를 5번 봤다고 해도 적용받는 혜택은 2회뿐입니다. 저는 영화를 자주 보는 편이라 갖고 있는 2~3개 카드에 모두 영화 할인 혜택이 있었습니다. 하지만 각각 혜택을 받을 수 있는 조건과 금액, 횟수가 다르기 때문에 종종 헷갈렸어요. 그래서 생각했던 방법이 표를 만들고 인쇄해서 지갑 속에 넣어 혜택받을 때마다 체크하는 것입니다. 이렇게 하니까 한 달에 사용할 수 있는 횟수를 초과해서 혜택을 못 받는 일이 없어졌습니다.

셋째, 핸드폰에 이미지 파일로 저장해놓는 방법입니다. 거추장스럽거나 번거로운 것이 싫을 때 핸드폰을 적극적으로 활용하는 방법이죠. 미리 카드 혜택 내용을 캡처해뒀다가 카드 혜택이 필요할 때 찾아서 확인하면 간단합니다. 저는 따로 사진첩에 '카드 혜택' 폴더를 만들어서 보관하고 있습니다.

카드 할인 혜택 체크리스트 예시

□□ 체크카드	스타벅스, 이디야(1만 원 이하)			
	교보문고, 반디앤루니스 오프라인(2만 원 이상)			
	토익(3만 원 이상), 연 6회		×	×
	CGV(최대 2매), 연 6회			×
△△ 신용카드	GS25 편의점(5,000원 이상)			×
	교보문고, YES24(2만 원 이상)			
	스타벅스, 할리스, 엔제리너스			×
	CGV, 메가박스, 롯데시네마 연 6회	×	×	×

"카드를 잃어버렸는데 타인이 사용했다면, 보상받을 수 있나요?"

A. 네, 받을 수 있어요! 체크카드, 신용카드, 심지어 포인트 카드 뒷면에도 서명하는 칸이 기다랗게 있는 거 아시죠? 최근에는 실물 카드보다 모바일 카드의 사용 빈도가 높아져 중요도가 낮아졌을지라도 이 칸을 쉽게 지나치면 안 됩니다. 카드를 분실했을 때 서명 자체가 보상받을 수 있는 조건 중 하나이기 때문이에요.

체크카드 및 신용카드 개인 회원 약관에 의하면 분실 신고 접수 시점으로부터 60일 전에 발생한 제3자의 부정 사용 금액은 전액 보상 처리해주되(다만, 카드 1매당 2만 원 보상 처리 수수료 납부) 몇 가지 예외 조건이 있습니다. 분실을 인지하고 즉시 신고하지 않은 경우, 카드 이면에 서명하지 않고 분실한 경우, 카드를 양도 또는 대여하여 발생한 부정 사용 금액 등에 대해서는 보상하지 않는다고 규정하고 있습니다. 그러므로 서명하는 행위를 가볍게 생각하지 말고 카드를 만들면 반드시 서명부터 하고 사용하는 습관을 들이세요. 또한 카드 결제 후 서명할 때도 생각 없이 선만 찌익 그을 것이 아니라 올바르게 서명하는 것을 습관화합시다.

3

교통카드
선별법

대중교통 요금이 계속 인상되면서 교통비 지출 비중과 부담이 점점 커지고 있는 상황입니다. 이러한 이유 때문인지 요즘 들어 소액이라도 교통비 할인 및 적립 혜택을 받을 수 있는 교통카드에 대한 관심이 많아지고 있습니다. 교통카드는 크게 선불과 후불로 나눌 수 있지만 좀 더 살펴보면 교통카드에도 다양한 종류가 있습니다.

선불
교통카드

────────────── 선불 교통카드는 후불 교통카드와 달리 카드

보증금을 내거나 카드를 따로 구매해야 하고 사용할 금액을 충전해서 이용합니다. 카드 뒷면의 번호를 국세청 현금 영수증 홈페이지에 등록하면 소득 공제도 되고요. 주의할 점은 충전 금액이 아니라 사용 금액만 소득 공제된다는 점이에요. 또한 현금 영수증 홈페이지에 등록하기 이전 사용 금액은 적용이 안 되므로 카드 구매 후 바로 현금 영수증 등록을 하고 사용해야 합니다.

스스로 지출 통제를 못해 연계 통장의 잔액 관리가 안 돼서 요금이 연체될 우려가 있다면 선불 교통카드가 적합하지만 매번 충전해야 한다는 번거로움이 있습니다. 이런 단점을 보완하여 최근에는 교통카드 잔액이 부족하면 자동으로 연계된 은행 계좌에서 일정 금액이 충전되는 자동 충전 카드 시스템을 이용할 수 있습니다.

또한 일반 선불 교통카드는 무기명 카드여서 분실했을 때 카드 거래 정지와 카드 잔액은 환불이 불가능합니다. 이 점이 불안하다면 대중교통 안심카드를 써보세요. 안심카드는 수도권 전철역 자동발매기에서 구매할 수 있고, 전국 버스와 지하철에서 사용 가능해요. 구매 후 홈페이지에 카드를 등록해놓으면 카드를 분실해도 잔액을 환불받을 수 있습니다. 교통카드 충전은 기차역 매표창구, 수도권 지하철 내 무인기기, ATM기기, 레일머니 앱에서 가능하고 편의점은 불가합니다. 선불 교통카드가 포함된 카드를 분실했을 때 카드를 정지하면 연계된 통장의 잔고는 그대로 유지되지만 충전한 금액은 돌려받기 어렵습니다.

교통 여건이 열악한 산업단지 중소기업에 재직하는 청년 근로자^만 15세 이상~34세 이하에게 월 5만 원 교통비 바우처를 지원해주는 '청년동

행카드'도 있습니다. 교통 관련 가맹점 범위에 속하는 버스마을, 시내, 시외, 고속버스 등, 지하철, 택시, 자가용 주유주유소, LPG충전소, 전기차 등에서 적용 가능해요. 자세한 정보는 한국산업단지공단 홈페이지https://card.kicox.or.kr에서 확인 가능합니다.

후불
교통카드

후불 교통카드는 발급 대상 기준이 은행마다 다르지만 보통 만 12세 이상부터 카드에 후불 교통 기능을 포함시킬 수 있어요. 단, 만 18세 이하가 발급받기 위해서는 법정대리인 동의가 필요하고, 월 이용 한도는 5만 원으로 제한됩니다.

사용하면 잔액이 즉시 빠지는 선불 교통카드와 달리 후불 교통카드는 이번 달 교통비가 다음 달에 청구되므로 교통비 부분에서는 신용카드 기능을 한다고 할 수 있어요일부 카드사는 이용 가능한 교통비 최대 한도가 존재함. 후불 교통 기능이 포함된 카드 가운데 교통비 관련 할인이나 전월 실적 적용 혜택을 받을 수 있는 것도 있습니다. 단, 혜택을 받으려면 전월 실적 조건이 까다로운 상품도 있으므로 여러 카드를 비교해보고 골라야 해요. 또한 후불 교통카드 기능이 포함되어 있는 카드를 분실했다면 바로 사용 정지 신청을 하고 재발급 받으면 됩니다.

현재 전국 128개 시군구와 서울시 전역으로 사용할 수 있는 광역알뜰교통카드도 있어요. 사용하고 있는 후불 교통 카드가 아닌 온라인으로 광역알뜰교통 체크카드 또는 신용카드를 추가로 발급받아야 합니다. 카드 수령 후 광역알뜰교통카드 마일리지 어플을 받아서 본인 및 카드 인증을 거친 후에 사용 가능합니다. 한 달에 15회 이상 교통카드를 사용하면 최대 30% 마일리지를 적립 후 계좌로 캐시백을 해주는 형태입니다. 저처럼 지하철 정기권을 메인으로 사용하고 가끔 버스를 탈 때 유용하게 사용할 수 있어요.

카드 혜택 중 교통비는 해당 카드 전월 실적을 충족해야 하고, 충족했더라도 일정 금액 이상 교통비가 발생해야 캐시백을 주는데, 광역알뜰교통카드는 전월 실적 없이 한 달 기준으로 편도 15회만 채우면 캐시백을 받을 수 있습니다.

이 카드를 사용할 때 유의점은 버스나 지하철에서 카드를 태그하기 전 광역알뜰교통카드 어플에 들어가서 '출발' 버튼을 눌러야 한다는 거예요. 그래야 제대로 마일리지 적립 가능해요. 그리고 목적지에 도착하면 '도착' 버튼을 눌러줍니다. 저는 집 또는 사무실에서 출발하기 전에 누르고 목적지 도착할 때 누릅니다. 가끔 잊어버리고 누르지 않으면 적립이 안 될 수도 있어요. 적립된 마일리지는 실시간으로 연동되지 않으므로 3~4일 이후에 확인해보고 없으면 고객센터에 문의하세요. 지하철 정기권은 해당 지역에서만 사용 가능하지만 광역알뜰교통카드는 전국에서 이용할 수 있어서 편하다는 게 장점입니다.

지하철
정기권

────────────── 주로 이동하는 교통수단이 지하철이라면 지하철 정기권을 이용하는 것도 교통비를 줄일 수 있는 꿀팁입니다. 저는 수도권으로 이사 오고 나서부터 동안 버스, 지하철을 번갈아가며 이용했어요. 정기권의 존재는 이미 고등학교 때 친한 친구가 노란색 지하철 표를 보여주었을 때 알았습니다. 그때는 정기권이 카드가 아닌 전철 표였고, 친구가 이용하는 것은 특정 노선만 가능했습니다. 학생 때는 이동 구간이 한정적이라 노선이 제한적인 정기권도 꽤 유용하다고 했던 친구의 말이 기억납니다. 반면 저는 지하철로만 이동해도 충분하지만 가끔 버스를 타기도 해서 교통비가 상대적으로 많이 나왔어요.

10년이 지난 지금, 대중교통비가 꾸준히 오르면서 저의 행동반경에 대해 생각해보았습니다. 부지런히 움직이고 5분 정도만 더 걸으면 지하철만 이용해도 일상생활에 큰 지장이 없다는 걸 알았어요. 게다가 지하철은 버스 등에 비해 시간 활용을 하기에도 좋았습니다. 버스 안에서 무언가를 하면 멀미가 나서 음악을 듣거나 쪽잠을 자는 것이 대부분이었지만, 지하철에서는 책을 읽을 수도 있고 여러 계획을 세우는 등 여유 시간으로 활용하는 것이 가능했거든요. 마음먹기에 따라 여러 가지가 달라질 수 있음을 정기권을 이용하면서 몸소 느끼게 되었고,

정기권으로 바꾸면서 월 15만 원이었던 교통비가 지금은 정기권과 버스 이용 금액을 합해서 9만 5천 원 정도로 줄었습니다. 또 다른 지인은 지하철을 이용하기 위해 마을버스를 타야 하는데 정기권으로 바꾼 이후로 마을버스 대신 15분 거리는 운동 삼아 걸어 다녔고, 그 덕분에 월 13만 원 나오던 교통비를 9만 원으로 줄이게 되었어요.

교통비 때문에 고민이라면 여러분의 행동반경에 대해 곰곰이 따져보세요. 저도 알아보기 귀찮고 익숙한 것이 마냥 좋아 이것저것 핑계 대며 미뤘는데 진작 안 한 걸 후회하고 있어요.

 서울 지하철 정기권(지역마다 상이)

- 충전한 날부터 30일 이내 60회 사용 가능(30일 경과 또는 60회 모두 사용한 경우, 기간이나 횟수가 남았더라도 사용 못 함)
- 서울 전용 정기 승차권은 지정된 사용 구간 외 역은 승차 불가. 하차할 경우 1회 추가 차감
- 정기권 금액에 따른 이동 거리가 다름. 홈페이지 및 역사 내 고객 센터 문의(서울도시철도 홈페이지 ▶ 지하철 이용 정보 ▶ 운임 안내)
- 현금 영수증 가능

선불 교통카드	티머니, 캐시비 등	• 만 13~24세는 청소년 요금 적용(단, 19~24세는 학생일 경우) • 대중교통 외에 대형 마트, 편의점 등에서도 결제 가능 • 이용 금액에 따라 마일리지 적립 가능
	지하철 정기권	• 지하철만 이용할 경우 기본 금액에서 할인된 가격으로 정해진 기간 및 횟수 안에서 사용 • 버스 환승 불가
후불 교통카드	광역알뜰교통 체크카드	• 연회비 없음 • 전월 실적 충족하지 않아도 광역알뜰교통 혜택 이용 가능 • 전월 실적 충족시 카드 자체 혜택 이용 가능 • 예) 편의점 1만 원 결제 시 1천 원 캐시백, 간편결제 1만 원 결제 시 1천 원 캐시백
	광역알뜰교통 신용카드	• 연회비 없음 • 전월 실적 충족하지 않아도 광역알뜰교통 혜택 이용 가능 • 전월 실적 충족시 카드 자체 혜택 이용 가능 • 예) 3대 대형마트 주말 이용액 10% 할인, 병원 또는 약국 이용액 10% 할인
	교통 요금 할인 체크카드	• 교통비 실적 미포함 • 전월 카드 충족 시 5~10% 에코머니 포인트 적립(최대 5,000~10,000점)
	교통 요금 할인 신용카드	• 연회비 있음 • 전전월 교통비 실적 포함 • 버스, 지하철, 철도 • 전월 카드 실적에 따라 교통비 실적 10% 환급(최대 환급 2천 원)

(금융 회사별로 조건 및 혜택 다름)

고속버스
정기권

———————— 고속버스를 이용하여 출근을 한다면 최대 36% 할인 혜택을 받을 수 있어요. 일반, 학생 정기권으로 나눠져 있고, 버스 이용 등급에 따라 우등 우등+ 심야우등, 고속 고속 + 심야고속, 우등+고속 프리미엄 버스 제외으로 나눠져 있습니다. 20일, 30일권 그리고 평일권 월

, 전일권   으로 가고자 하는 목적지와 함께 선택하면 됩니다. 고속버스 어플에 프리패스 정기권 메뉴에서 확인 가능합니다.

대중교통 얼리버드
할인받기

현재 서울, 인천, 경기에서 시행하고 있는 대중교통 조조할인은 오전 6시 30분 이전에 대중교통을 타면 요금이 20% 할인되는 제도입니다. 현재 지하철 기본요금 1,250원은 1,000원에, 간선버스 기본요금 1,200원은 960원에 이용할 수 있어요. 한 달이면 약 6천 원 정도 절약할 수 있고, 붐비는 출근 시간을 피하게 되어 전반적으로 출근 소요 시간을 줄일 수 있습니다.

사람 많은 시간에 대중교통을 이용하면 업무, 공부를 시작하기 전에 심신이 피곤해지기도 하는데 이른 시간은 그런 부담을 줄여줍니다. 얼마 전 아침 6시에 전철을 탄 적이 있는데 적지 않은 사람들이 부지런히 자신의 목적지를 향해 이동하는 걸 봤어요. 일찍 회사에 출근하여 업무 준비하거나 자기계발을 하는 직장인들이 그렇게 많다는 것이 제게는 신선한 충격이었습니다. 이렇게 새로운 제도가 도입되면서 아침을 활용하는 사람들은 교통비 절약 혜택까지 받게 되겠죠.

단, 대중교통 20% 할인은 다른 교통수단을 이용한 후 환승은 제외되고 선·후불 교통카드로만 가능합니다. 정기권은 적용이 안 되므로 꼭 확인하고 혜택받으세요.

"쓰다 남은 선불 교통카드가 있는데, 잔액 활용할 수 있나요?"

A. 네, 가능해요! 분실, 훼손, 소액 잔액 등의 이유로 5년 이상 이용되지 않은 선불 교통카드 충전 잔액이 650억 원이라고 합니다. 이 중 10년 이상 사용되지 않은 금액은 64억 원에 달합니다. 또한 해마다 누적 금액이 늘어나고 있는 안타까운 상황이라네요. 사용하지 않는 선불 교통카드가 있다면 당장 잔액을 환불받으세요. 몇백 원밖에 없는데 환불받는 과정이 귀찮다는 사람들도 있는데, 이러한 이유로 방치된 금액이 모여 650억 원이 된 거죠.

선불 교통카드인 티머니, 캐시비 등은 해당 홈페이지를 통해 환불할 수 있습니다. 요즘에는 선불 교통카드 자체 이벤트 및 혜택도 많습니다. 저는 편의점 이용이 잦았을 때 제휴된 선불 교통카드로 도시락을 구매하면 할인이 되어 식비를 줄인 경험이 있습니다. 선불 교통카드로 결제할 수 있는 가맹점도 늘어나고 있으니 환불받는 게 번거롭다면 가맹점에서 유용하게 사용할 수 있습니다.

💻 선불 교통카드 잔액 확인 사이트

• 티머니 홈페이지 : www.t-money.co.kr
• 캐시비 홈페이지 : www.cashbee.co.kr

PART 6

첫 출근날부터
만드는
부자 습관

이제 막 고정 수입이 생긴 사회초년생이 반드시 해야 하는 건 올바른 소비 습관
과 경제 공부입니다. 경제 공부를 게을리 하지 않고, 똑똑한 소비 습관을 들인다
면 지금보다 더 나은 삶이 여러분 앞에 펼쳐질 겁니다.

로또보다 경제 기사를
읽어야 하는 이유

어제보다 오늘, 오늘보다 내일 더 부자가 되기 위해서는 경제를 알아야 합니다. 그렇지만 많은 사람들이 경제라는 말 자체를 어렵게 생각하고, 또 경제를 이해한다고 해서 지금 당장 돈을 벌 수 있는 것도 아니라 실생활과 경제는 거리가 있는 것으로 생각하죠. 하지만 꾸준히 경제 관련 내용을 접하면 금융을 보는 시각이 넓어지고 다양한 생각을 할 수 있는 기회가 생깁니다. 더 나아가 돈의 흐름이 파악되고 돈에 대한 안목이 높아져서 실제로 재테크를 할 때도 큰 도움이 됩니다.

———————————— 경제를 쉽게 접하는 방법 중 하나는 경제 신문을 읽는 것입니다. 경제 관련 내용을 다루는 언론사 종류에는 경제를 중점적으로 다루는 경제 신문과 일반 신문의 경제면이 있어요. 경제 신문은 처음부터 끝까지 경제만 다룰 것이라고 생각하는 사람들이 있는데 그렇지 않아요. 경제 소식을 주로 다루지만 정치, 문화, 스포츠, 생활 기사도 다루고 있어서 지루하지 않게 읽을 수 있습니다. 물론 일반 신문보다 훨씬 더 다양하고 자세한 경제 기사도 읽을 수 있고요.

경제 신문을 읽고 싶은데 경제에 관한 기본 지식이 없어서 고민이라는 얘기도 해요. 하지만 모든 분야가 그러하듯 처음부터 많은 지식을 가지고 접하는 사람은 드뭅니다. 영어를 배우는 것과 비슷해요. 경제 기사가 원서라면 경제 용어는 영어 단어에 비유할 수 있죠. 경제 기사에 어려운 용어가 등장하면 보통 기사 하단에 용어 설명이 되어 있으므로 하루에 하나씩 배운다는 생각으로 읽으면 됩니다. 매일 부자를 꿈꾸며 로또를 사느라 허공에 날리는 돈을 이제 경제 지식과 맞바꿀 차례입니다.

경제 신문
구독하는 법

———————————— 우리나라 대표 경제 신문으로는 「한국경제신

문」과 「매일경제신문」이 있습니다. 신문마다 특색이 있어 어떤 신문이 좋은지 또는 아쉬운지 이야기하기는 어려워요. 개개인마다 보는 관점이나 생각이 다르기에 하나를 꼬집어 추천하기가 어렵습니다. 저는 경제 신문을 읽어야겠다고 생각했을 때 근처 편의점에 가서 그날 나온 「매일경제신문」과 「한국경제신문」을 각각 한 부씩 구매했어요. 동일한 주제를 읽어보고 사설을 접하면서 저에게 어떤 신문이 맞는지 따져봤습니다. 여유가 되면 두 가지 신문을 모두 구독하는 것이 좋지만 처음부터 무리하면 금방 질릴 수 있으므로 하나라도 제대로 활용하는 것부터 시작하세요.

도서관 신문 코너에서도 여러 경제 신문을 쉽게 접할 수 있습니다. 물론 인터넷 신문과 신문 어플로도 경제 소식을 빠르고 간편하게 알 수 있는데, 제 경험상 같은 정보라도 온라인은 가독성이 좀 떨어지고 휘발성이 강해 읽고 나서 내용이 머리에 오래 남아 있지 않더라고요. 또한 쉽게 접할 수 있는 인터넷 신문은 낚시성 및 자극적인 제목이 많고 기사 정보보다 광고 비중이 큰 경우가 있어 집중력이 떨어지기도 해요. 그래서 저는 어플보다 종이 신문을 즐겨 읽습니다. 하지만 개개인마다 스타일이 다르므로 나에게 맞는 신문 역시 직접 읽고 고르세요.

💻 **경제 신문 홈페이지**
- 한국경제신문 : www.hankyung.com
- 매일경제신문 : www.mk.co.kr

종이 신문보다 인터넷 기사가 읽기 편하다면 그렇게 시작해도 됩니다.

──────────── 무턱대고 기사만 읽는다고 하루아침에 경제 지식이 확 높아지는 않아요. 제대로 이해하지 못하고 눈으로 읽기만 하면 신문 자체가 또 다른 낭비처럼 느껴지고, 회의감도 들면서 금방 포기하게 되거든요. 그렇기 때문에 한 번 읽을 때 집중해서 읽고, 모르는 것은 찾아보면서 제대로 이해하는 게 중요합니다.

경제 신문이라고 해도 바로 활용 가능한 재테크 정보가 실리는 건 아니에요. 신문에서 접한 정보를 기반으로 내게 맞도록 응용해야 하는데, 그러려면 최소 1년 이상 경제 신문을 꾸준히 읽으면서 내공을 쌓아야 됩니다. 저는 3년 정도 정기 구독하면서 따로 100회 이상 경제 신문 기사를 스크랩해왔어요. 물론 그 기간 동안 일이 있거나 귀찮아서 며칠 쉰 적도 있었지만요. 하지만 이렇게 꾸준히 보니 점점 신문에서 접한 정보를 다양한 분야와 접목해보게 되고, 관심 있는 주제도 조금씩 늘어가고 있어요. 신문 읽는 데 적응되면서 읽는 시간도 줄었습니다. 신문 읽는 것 자체를 어려워하는 분들을 위해서 저만의 신문 읽기 방법을 소개할게요. 특히 경제 기사를 읽을 때 참고하면 좋은 꿀팁입니다.

첫째, 신문을 넘기며 관심 분야와 제목, 사진을 보고 눈길이 가는 기사부터 읽으세요. 1면부터 제대로 꼼꼼히 읽기 시작했다가는 제풀에 지쳐 몇 장 읽고 그만두게 됩니다. 자신이 배우고 있거나 일하는 분야와 관련된 기사부터 찾아 읽는 것도 좋습니다. 다른 분야보다 친근하고 익숙해 이해하기 쉬울 뿐 아니라 기사에서 새로운 정보를 얻을 수 있고 잘못된 부분도 찾아낼 수 있거든요.

둘째, 미래를 예측해보세요. 경제 기사 하나에도 항상 원인과 결과가 존재합니다. 그 내용을 보면서 이후 어떤 상황이 벌어질지 예측해보는 거죠. 예를 들어, 금리가 오른다 하면 주가가 떨어질 것이고, 외국인 투자 자금이 급격하게 빠진다면 환율이 오르겠다는 예상을 할 수 있죠. 이렇게 되면 내가 가입해둔 상품과 연관 지어 그에 따라 미리 준비도 할 수 있습니다.

셋째, 수치에 주목해보세요. 숫자만 나오면 복잡하고 어렵다며 넘겨버리는 경우가 많은데, 수치를 모르면 경제를 이해하는 데 한계가 있습니다. 수치는 말에 설득력을 주는 기본 요소거든요. 예를 들어, 한국은행에서 매달 발표하는 기준 금리가 몇 %인지 모르고 금융 상품의 금리 변화를 읽어내기는 어렵죠. 모든 수치를 기억할 순 없지만 자주 등장하거나 나의 재테크 상품과 연관 있는 수치와 지표쯤은 알아두는 것이 좋습니다. 신문이 폐지가 되느냐 정보지가 되느냐는 내가 어떻게 활용하느냐에 달려 있습니다.

경제 신문 스크랩 요령

──────────── 신문 스크랩이라고 하면 어릴 적 신문을 직접 오려서 보관화일에 붙이는 걸 떠올려서 복잡하게 느껴집니다. 하지만 요즘은 신문도 핸드폰으로 시대죠. 스크랩도 쉽고 빠르게 인터넷으로 하면 좋아요. 저는 블로그에 신문 스크랩을 올리는데, 어떻게 해야 할지 모르겠다며 질문하는 분들이 많습니다. 그중 자주 물어보는 질문을 골라 제가 하고 있는 방법을 토대로 답변해보려고 합니다. 하지만 스크랩에 정해진 답은 없습니다. 제가 하는 방법을 참고하되 자신에게 맞는 방법을 찾아서 해보길 권합니다.

신문에 있는 모든 기사를 다 읽나요?

아니오. 신문에 있는 모든 기사를 읽으면 글만 읽다 하루의 절반이 지나갈 수 있어요. 물론 중요하고 유익한 내용이 많겠지만 아직 저에게는 어려운 내용들도 많아요. 특히 관심 없는 분야라면 읽어도 도통 머릿속에 들어오질 않아 포기하게 되더라고요. 그래서 저는 관심 있는 분야를 집중적으로 읽되 앞 장부터 훑어가며 큰 테마현재 테마, 굵거나 큰 글씨로 되어 있는 기사는 시간을 내서 읽는 편입니다. 신문에 실린 기사를 다 못 읽는다고 신문 값이 아깝다고 생각할 필요 없어요. 다 읽으면 성취감은 있겠지만 저는 신문을 억지로 다 읽으려고 하면 신문 읽는 시간이 스트레스 받는 시간으로 바뀌더라고요.

신문은 하루에 얼마나 시간을 내서 읽나요?

저는 경제 신문 읽는 시간을 총 30분 잡고 시작했습니다. 처음에는 흥미 있는 기사 위주로 읽었지만 워낙 글 읽는 속도가 느려서 어떤 때는 1시간 30분이나 걸렸어요. 아침에 일어나자마자 경제 신문을 읽고 하루를 시작하는 편인데, 1시간 30분을 신문 읽는 데 썼더니 그날 하루 일과가 꼬이기 시작했어요. 그래서 이제는 30분 타이머를 켜놓고 읽습니다. 25분에 알람 맞춰놓고요. 마지막 5분은 오늘 읽은 신문을 마무리하면서 블로그에 스크랩할 기사를 한 번 더 확인합니다. 그 시간은 알람이 울릴 때까지 핸드폰을 보지 않고 신문에만 집중해요.

신문 스크랩은 어떤 기사를 어떤 방법으로 하나요?

신문과 타이머를 설정할 핸드폰, 노란 색연필이 필수 준비물입니다. 읽다가 괜찮은 기사가 있으면 그 면을 접어 노란 색연필로 동그라미를 칩니다. 기사 주요 내용을 표시하면서 더 생각해볼 수 있는 기사 후보군을 만들어놓습니다. 25분이 지나고 5분 마무리 단계에서 오늘 블로그에 스크랩할 자료를 선정합니다. 저는 하루에 하나씩 스크랩 기사를 골라요. 블로그에 포스팅을 하기 때문에 제 생각을 많이 쓸 수 있는 기사를 우선적으로 선택하고, 또 스크랩 글을 읽은 사람들과 함께 나눌 수 있는 질문이 있는 기사, 혹은 요즘 이슈가 되는 기사를 고릅니다. 가끔 제가 어려워하는 분야의 기사가 많아 스크랩하기 힘들 때는 쉬어가기도 하지만 꾸준히 하려고 노력해요.

블로그에 올리는 기사 스크랩은 내용 정리, 읽은 후 생각, 이 기사로 나눌 수 있는 질문으로 구성합니다. 신문 스크랩을 하는 분들은 대부분 내용 정리와 본인 생각에서 마무리를 짓는데, 한 단계 더 나아가 질문을 만들면서 심화된 내용도 생각해볼 수 있어야 합니다. 사실 질문 만드는 게 제일 어려워요. 기사에 대해 명확하게 알아야 질문하기도 편하거든요. 따로 신문을 오려서 스크랩하지는 않지만 블로그에 정리한 기사를 인쇄해서 바인더에 스크랩해 보관하고 있습니다.

경제를 아예 모르는데 괜찮을까요?

경제 신문 읽기가 어려워서 우선 경제 공부를 조금 하고 신문을 읽겠다는 의견도 많습니다. 물론 그렇게 해도 되지만 경제 공부가 언제쯤 끝나 신문을 읽어낼 수 있을 만큼의 능력이 생길지는 아무도 모릅니다. 금융, 돈 관리 쪽은 재밌지만 경제 분야는 저 역시 아직 어렵습니다. 하지만 모르는 단어가 나오면 찾아보고 관련 기사도 검색해보면서 스크랩을 하면 단기간에 여러 정보를 내 것으로 흡수할 수 있어요.

또한 경제 신문에는 실생활과 밀접한 기사들이 많기 때문에 경제를 몰라도 도전할 수 있습니다. 경제 신문에 관심을 갖는 것만으로도 경제를 배우고 있는 것입니다. 예를 들어, 학교에서 경제를 배울 때 그래프가 나오면 부담스럽고 어렵게 느껴졌던 경험들이 있을 거예요. 경제 신문을 볼 때도 그래프가 나와 어렵다 싶으면 그때는 그냥 건너뛰세요. 정말 중요한 그래프라면 언젠가 또 나올 테니까요. 한 번 본 자료를 다시 만날 때는 느낌이 조금 다를 겁니다. 저도 그런 경험이 많아요.

한번은 선진국 금리 인하에 대한 정부 조치와 관련한 기사 스크랩을 하는데 미국의 셰일가스에 관한 내용이 있었습니다. 셰일가스가 뭘까 궁금하기도 하고 그 기사를 제대로 이해해야 스크랩을 할 수 있겠다 싶더라고요. 그래서 관련 기사 몇 개를 더 찾아보고 셰일가스가 무엇이고 왜 이슈가 되었는지 알 수 있었어요. 그 기사를 읽지 않았다면 아마 평생 모르고 살았을지도 모릅니다. 우리는 매일 극변하는 시대에 살고 있죠. 경제 신문을 통해 살아 있는 경제를 공부해보세요.

알짜배기 무료 경제 강좌
찾아 듣기

——————————— 경제 신문 하나로 지식 습득하기에 부족하다면 온·오프라인에서 무료로 진행하는 강좌를 찾아보면 좋습니다. 요즘에는 유튜브를 시작으로 다양한 동영상 콘텐츠 채널에서 쉬운 경제 강좌를 찾아볼 수 있습니다. 조금만 관심을 가지면 좋은 정보를 빠르게 찾을 수도 있죠. 하지만 그런 영상들은 쉽고 재밌긴 하지만 정말 기초적인 정보보다는 최근 이슈에 좀 더 초점이 맞춰져 있습니다. 경제에 대한 기본 지식을 듣고 싶다면 한국은행과 금융감독원에서 주최하는 무료 강좌를 찾아보세요.

한국은행 금융 강좌는 대학생과 일반인을 대상으로 물가 및 통화 관리, 금융·경제 동향 및 전망, 각종 통계 해설 등 경제 분야에 대한 여러 주제로 강연을 하고 있어요. 오프라인 상황에 따라 VOD로 2시간 정도 강의를 진행합니다. 온라인으로 수강할 경우 강의 자료도 PPT로 제공하고 있습니다. 그 외 어린이, 청소년, 일반인이 경제 기초를 닦을 수 있도록 난이도에 따른 경제 콘텐츠도 접할 수 있어요.

금융감독원 연수원의 FSS 금융 아카데미는 국제 통상, 헤지 펀드, 부동산, 회계, 자산관리 등 다양한 주제로 진행해요. 이 역시 강의 자료를 사이트에서 받아볼 수 있습니다. 참여횟수에 따라 일반과정, 심화과정에 수강 가능합니다. 우리가 평소 쉽게 접하지 못하는 분야의 정보를 얻을 수 있어 경제 공부에 많은 도움이 됩니다.

💻 **무료 경제 강좌 정보 관련 사이트**
 • 한국은행 경제 교육 : www.bokeducation.or.kr
 • 금융감독원 경제 교육 : www.fss.or.kr

그리고 요즘에는 경제, 금융 소식을 메일로 받아 볼 수 있는 무료 뉴스레터도 있습니다. 경제뿐 아니라 사회, 인문 등 다양한 분야의 이슈를 메일로 보내주는데, 아침에 출근해서 본격적으로 업무를 시작하기 전에 5~10분 정도만 투자하면 자기계발도 할 수 있습니다. 다양한 분야에 많은 채널이 있지만, 제가 매일 아침 받아보는 금융 뉴스레터를 소개합니다.

부딩(https://www.booding.co)
매주 월, 목요일 아침 어려운 부동산 이슈 및 용어, 세입자 및 실수요자에게 실제 도움이 되는 뉴스레터입니다.

업클(https://upcle.me)

평일 아침 7시, 국제/정치, IT/경제, 사회/이슈 등 꼭 알아야 할 세 가지 카테고리 기사를 볼 수 있는 뉴스레터입니다.

업피티(https://uppity.co.kr/moneyletter)

금융, 경제 지식에 대해서 쉽게 설명해주고 상품 비교는 물론이고, 구독자 재무 상담 후기도 엿볼 수 있는 뉴스레터입니다.

뉴닉(https://newneek.co)

매주 월, 수, 금요일 아침마다 현재 가장 이슈가 있는 경제, 정치, 문화, 인문 등을 쉽고 재미있게 설명해주는 뉴스레터입니다.

미스터동(https://mrdongnews.com)

우리가 꼭 알아야 할 시사상식을 볼 수 있습니다.

돈키레터(www.donkeyletter.com)

한국 주식뿐만 아니라 해외주식, NFT, 부동산, 가상화폐 등 다양한 재테크 분야를 다루고 있습니다.

어차피 쓸 거라면
남들보다 저렴하게

경유 포인트몰 이용하여
혜택받기

평소 인터넷으로 물건을 자주 구입한다면 경유 포인트몰을 이용하여 소소한 혜택을 받을 수 있습니다. 경유 포인트몰에 따라 추가 할인과 포인트 적립이 가능하기 때문이죠.

포인트 제휴 경유 쇼핑몰	카드사 제휴 경유 쇼핑몰

• OK캐쉬백(www.okcashbag.com)
• 아시아나항공 마일리지 적립몰
  (www.flyasiana.com)
• 드림엑스(www.dreamx.com)
• 페이코(www.payco.com)
• 에누리닷컴(www.enuri.com)
	• KB국민카드 라이프샵(lifes.kbcard.com)
	• 신한카드 올댓서비스(allthat.shinhancard.com)
	• 삼성카드 국내제휴몰
	  (shoppingmall.samsungcard.com)
	• 하나카드 쇼핑(www.hanacardshopping.com)

포인트 제휴 경유 쇼핑몰마다 혜택이 다르지만 주로 할인과 더불어 OK캐쉬백, 적립금을 추가로 지급합니다. 적립금은 일부 제휴 쇼핑몰에서 결제 수단으로 사용하거나 일정 금액이 쌓이면 현금으로 바꿀 수도 있어요.

카드사 제휴 경유 쇼핑몰은 해당 카드사 카드로 결제할 때 할인 및 카드 포인트 추가 적립을 받을 수 있어요. 하지만 이런 혜택을 그냥 받을 수 있는 건 아닙니다. 각 경유 포인트몰마다 제휴하는 쇼핑몰과 할인율 및 적립률이 달라 부지런히 여기저기 비교하며 손품을 팔아야 해요. 이럴 때는 가격 비교 사이트를 참고하면 수고를 덜 수 있습니다.

또한 경유몰이 아닌 일반 쇼핑몰로 접속하여 바로 방문 혜택이나 회원 혜택, 쿠폰 등을 이용하는 것이 오히려 저렴한 경우도 있어요. 그러므로 상황에 따라 융통성 있게 선택해야 합니다.

카드 포인트
통합 조회

현금이나 다름없는 포인트를 아깝게 묵혀두고 있진 않나요? 포인트가 얼마나 쌓였는지, 어디에서 어떻게 쓰는지도 모른 채 말이죠. 대부분의 카드 포인트는 5년간 사용하지 않으면 그대로 소멸됩니다. 여신금융협회에 따르면 최근까지 묵혀져 있다가 사라진 카드 포인트만 해도 약 1,017억 원 정도라고 해요.

이런 문제를 해결하기 위해 카드사 홈페이지에서 일일이 찾지 않아도 무료로 포인트 내역을 한 번에 조회할 수 있는 '카드 포인트 통합 조회 여신금융협회www.cardpoint.or.kr' 홈페이지가 생겼습니다. 카드 포인트 통합 조회 사이트에 회원 가입을 한 회원 및 비회원단, 본인 확인 절차 필요 모두 이용 가능하고, 스마트폰 어플카드포인트조회에서도 편리하게 활용할 수 있어요.

카드 포인트 통합 조회가 가능한 카드사는 현재 롯데, 비씨, 삼성, 신한, 하나, 현대, KB국민, NH농협, 한국씨티, 우리카드가 있습니다. 이곳에서는 잔여 포인트와 소멸 예정 포인트, 소멸 예정월 등을 조회할 수 있어요. 포인트 사용이 가능한 가맹점, 온라인 쇼핑몰에서 현금처럼 사용할 수 있고, 카드 결제 대금 및 카드 연회비만큼 차감할 수도 있어요. 또한 항공 마일리지로 전환도 가능합니다. 쌓인 포인트를 현금화하려면 카드사 홈페이지, 휴대폰 어플, 카드 뒷면에 표기된 콜센터를 통해 따로 신청하면 됩니다. 그러면 1포인트부터 현금으로 전환하여 카드 대금 결제 계좌로 입금받을 수 있습니다. 은행 계열 카드사신한, 우리, 하나, KB국민는 1만 원 단위로 ATM 기계에서 바로 출금할 수 있어요.

 카드 포인트 통합 조회하는 방법

- 스마트폰 어플 : '카드 포인트 조회' 어플 다운
- 카드 포인트 통합 조회 절차 : 홈페이지 및 앱 접속 → 포인트 통합 조회요청 → 조회 카드사 선택 → 카드 포인트 통합 조회 선택 → 포인트 조회 결과 확인

또한 금융결제원 카드로택스www.cardrotax.kr에서 포인트로 소득세와 소비세 등 세금을 낼 수 있고, 카드사 홈페이지를 통해 기부할 경우 연말정산 시 세액 공제를 받을 수 있습니다. 그 외 카드 포인트 활용 방법은 카드사별로 상이하므로 구체적인 사항은 개별 카드사 홈페이지를 참고하면 됩니다.

모바일 상품권 이용하기

─────────── 카드 혜택으로 할인, 적립 등이 안 되는 가맹점이 있다면 모바일 상품권을 구입하는 방법이 있어요. 같은 음식, 물건, 서비스라도 모바일 상품권으로 구매하면 조금 더 저렴하게 이용할 수 있고 현금 영수증도 발급받을 수 있습니다.

저는 가지고 있는 카드에 혜택이 없는 카페, 음식점, 편의점, 화장품 매장 등을 이용할 때는 미리 모바일 상품권이 있는지 확인해봅니다. 예를 들어, 제가 가지고 있는 카드에는 A카페 음료가 할인되는 혜택이 없지만 A카페 음료 모바일 상품권을 검색해보니 원래 가격에서 500원 할인해서 판매하고 있어요. 그러면 거기서 상품권을 구매하고, 거기서 생긴 차액 500원은 푼돈, 공돈 통장에 넣어서 절약한 돈을 소비가 아닌 저축으로 이어지게 합니다. 단, 가격이 조금 저렴하다는 이유로 필요도 없는데 구매하거나 원래 구매하려는 수량보다 많이 사면 오히려 과소비가 되겠죠. 반드시 필요한 것만 사세요.

반대로 이벤트 또는 선물로 모바일 상품권을 받았지만 사용이 어려운 경우는 중고나라 카페, 카카오톡 기프티스타, 니콘내콘 어플 등에서 판매해서 현금화할 수 있습니다.

모바일 상품권 유효기간은 종류마다 다른데 물품 및 용역 제공형 교환권은 3개월, 금액형 교환권은 1년입니다. 유효기간 안에 사용 기간 연장 신청을 하면 최초 발급일로부터 3개월 단위로 연장할 수 있습니다. 단, 한시적으로 제공되는 무료 쿠폰 및 프로모션 상품권은 유효기간 및 환불 정책이 다르므로 이용에 참고하세요. 요즘 모바일 상품권 사용량이 늘어나면서 구입하고 기간을 놓쳐 사용 못 해 발생한 미환급금이 최근 5년간 271억 원이라고 해요. 잊지 말고 꼭 챙겨서 사용하세요.

"비싸고 복잡한 핸드폰 요금, 알뜰살뜰하게 아낄 방법 없나요?"

A. 있습니다! 스마트 초이스 www.smartchoice.or.kr 라는 사이트를 찾아가면 됩니다. 스마트 초이스는 통신 분야에 대해서 통신사와 상관없이 비교, 조회 등을 해볼 수 있는 곳입니다. 대표 메뉴는 통신 요금 미환급 정보 조회로 선납급 미수령 금액, 할인 반환금도 조회해서 휴대폰 단말기를 바꾸기 전 위약금을 미리 알 수 있습니다.

단말기 지원금 조회도 단말기 기준, 통신사 기준, 월 납부액으로 계산해볼 수 있고요. 본인 핸드폰이 '25% 요금할인 대상' 단말기인지도 쉽게 알아볼 수 있습니다. 또한 통신사 장기 가입자 혜택도 확인할 수 있어요. 무료 영화 관람, 데이터 리필, 통화 리필 등 여러 가지 혜택을 누릴 수 있으므로 꼭 확인해보세요.

그 외에도 유료방송 미환급금 조회, 명의도용 조회, 분실 도난폰 여부 조회 및 분실 휴대폰 찾기, 중고폰 시세조회 등 핸드폰 통신 관련된 정보는 모두 여기서 찾아볼 수 있어요.

공짜로
문화생활하기

문화생활은 누구에게나 꼭 필요한 여가 활동 중 하나죠. 사람들은 문화생활과 재테크 둘 다 놓치기 싫어하지만, 그렇다고 문화생활에 필요한 소비와 저축의 관계를 무시할 수도 없습니다. 하지만 요즘에는 조금만 부지런하면 여유롭게 문화생활을 하면서 동시에 틈틈이 종잣돈을 모으는 것도 가능합니다. 비법은 인터넷 사이트를 잘 활용하는 겁니다.

신문, 잡지 등 기존 미디어보다 인터넷에서 정보를 얻는 사람들이 늘어나면서 이를 통해 이벤트 홍보를 하는 경우가 많습니다. 하지만 이벤트 정보 자체를 사람들이 잘 모르는 경우도 많고 알고 있더라도 귀찮고 응모해도 안 될 것 같다며 미리 포기하는 사람들이 많아서 의외로 당첨 확률이 꽤 높아요. 영화를 좋아한다면 시사회 및 무대 인사 이벤트, 책을 좋아하면 따끈따끈한 신간 도서 이벤트 응모로 문화생활을 할 수 있습니다. 제가 운영하는 카페〈재테크cafe.naver.com/unistudentstory〉에서도 이벤트를 종종 하고 있습니다. 당첨 확률이 높은 이벤트도 여럿 있으니 도전해보세요.

저는 매년 영화나 공연, 책 등의 절반 정도는 이런 시사회나 서평 이벤트를 통해 공짜로 즐기고 있어요. 특히 영화, 연극, 뮤지컬, 전시회 등은 티켓이 1인 2매 제공되어 저보다 가족, 친구가 좋아할 때가 더 많습니다. 요즘은 문화생활 이벤트를 이용하여 데이트하는 연인도 많아지고 있으니 참고해보세요.

유용한 문화생활
이벤트 사이트

──────────────── 영화관 홈페이지에는 시사회 및 무대 인사 이벤트가 자주 진행됩니다. 이벤트에 응모하면 추첨을 통해 영화 관람 기회가 주어져요. 평소 추첨운이 없다면 선착순 영화 티켓 배부 이벤트를 노리세요. 해당 영화관 홈페이지에 이벤트를 시작하기 며칠 전 영화, 일정, 시간, 장소 등이 공지됩니다.

본인이 운영하는 SNS에 영화나 도서 리뷰 작성이 가능하면 관련 카페 및 홈페이지 이벤트에 댓글로 응모할 수도 있어요. 최근에는 수도권뿐 아니라 지방에서 진행되는 시사회, 연극 공연도 늘어나고 있어 참여 기회가 점점 많아지고 있습니다.

💻 **문화생활 이벤트 정보 관련 사이트**

- CGV : www.cgv.co.kr
- 롯데시네마 : www.lottecinema.co.kr
- 메가박스 : www.megabox.co.kr
- 문화충전 200% 카페 : cafe.naver.com/real21
- 네이버 영화 카페 : cafe.naver.com/movie02
- 북카페 책과 콩나무 : cafe.naver.com/booknbeanstalk

이벤트 당첨 확률
높이는 꿀팁

영화관에서 단독으로 진행하는 이벤트는 그냥 운에 맡겨야 하는 경우가 많아요. 하지만 문화생활 관련 카페는 꾸준히 활동하면서 회원 등급을 높이거나 이벤트에 당첨된 리뷰를 기간 안에 정성 들여 작성하는 성실함을 보여주면 좋은 기회가 자주 옵니다. 꾸준함을 유지하기가 힘들어서 중도에 포기하는 경우도 많지만, 어느 정도 익숙해지면 무료로 풍성하게 문화생활을 누릴 수 있어요. 이벤트를 진행할 때 등급이 높은 회원들에게 우선 순위를 부여하는 카페들도 꽤 있거든요. 귀찮다고 생각하지 말고 하루에 몇 분만 투자하세요.

국민이 일상에서 문화를 쉽게 접할 수 있도록 매달 마지막 수요일 해당 주간 포함에 다양한 문화혜택을 제공하는 날입니다. 문화가 있는 날에는 영화관, 공연장, 박물관, 미술관, 문화재 등 전국의 2천여 개 문화시설을 할인 또는 무료로 즐길 수 있습니다. 또한 영화관, 스포츠시설, 공연장, 미술관, 박물관, 문화재, 도서관에서 할인 또는 무료입장이 가능합니다. 직장인을 위해 퇴근 후 이용이 가능하도록 일부 문화시설은 야간개방도 합니다.

각 문화시설마다 할인율 및 참여 여부가 다르므로 미리 '문화가 있는 날' 홈페이지www.culture.go.kr/wday에서 확인 후 방문하는 것을 권합니다. 영화, 공연 등은 매진될 수 있으므로 미리 꼭 예매하는 것이 좋고요.

영화	CGV, 롯데시네마, 메가박스 등 전국 주요 영화관 오후 5~9시에 상영하는 영화 5,000원 할인 (단, 지역·상영관별로 시행 여부가 다르기 때문에 확인 필요)
공연	국립극장, 예술의 전당, 세종문화회관 등 주요 공연장 공연 할인
전시	국립현대미술관 등 전국 박물관, 미술관, 전시관 관람 할인 및 무료, 연장 개관
도서관	도서대출권수확대, 전국 도서관 야간 개방, 강좌 및 영화 상영 무료 및 할인
스포츠	자녀(초등학생 이하)와 부모가 동반 입장 하면 프로 농구, 프로 배구, 프로 축구, 프로 야구 관람료 50% 할인
문화재	경복궁, 창덕궁, 덕수궁, 창경궁 4대 궁과 종묘, 조선 왕릉 무료 개방

"카페에 텀블러 갖고 가면 할인 받을 수 있나요?"

A. 그럼요! 커피 전문점에서 음료를 즐겨 마신다면 텀블러 사용으로 혜택을 받아보세요. 평소 카페 방문 횟수가 적으면 텀블러 값이 부담스러울 수 있지만, 자주 가는 경우에는 텀블러를 하나 장만해두면 푼돈이 조금씩 생깁니다. 물론 매번 텀블러를 들고 다녀야 하니 번거롭지만 저축도 하고 환경 보호도 할 수 있으니 장점이 더 많다고 생각해요. 저는 커피 전문점에 들르면 텀블러와 카드를 통한 혜택을 꼭 받습니다. 최근에는 편의점 커피도 텀블러 할인이 생겼다고 해요.

300원 할인 또는 에코별	스타벅스
300원 할인	커피빈, 카페베네, 파스쿠찌, 할리스커피, 투썸플레이스, 탐앤탐스, 베스킨라빈스, 던킨도너츠, 요거프레소, 네스카페
200원 할인	맥도날드, 롯데리아, KFC, 버거킹, 파파이스, 이디야, 커피베이
100원	빽다방

하지만 무조건 텀블러를 사용하는 것만으로 할인 혜택을 받는 건 아니랍니다. 커피 전문점마다 음료 기준 용량이 다르기 때문이에요.

- 스타벅스 : 쇼트(237ml), 톨(355ml), 그란데(473ml), 벤티(591ml)

- 커피빈 : 스몰(355ml), 레귤러(477ml)

- 엔제리너스 : 스몰(340ml), 레귤러(454ml)

- 할리스커피 : 레귤러(384ml), 그란데(473ml)

예를 들어, 스타벅스 텀블러 톨 사이즈 355ml에 할리스커피 레귤러 음료를 구입하면 텀블러 사용으로 300원을 할인받을 수 있습니다. 하지만 텀블러 사이즈 때문에 제시된 용량에서 30ml를 덜 받게 돼요. 물론 음료 가격도 카페마다 다르기 때문에 비교해보는 게 낫겠죠. 이왕 할인받는 거 꼼꼼하게 따져서 제대로 받으면 좋잖아요. 아니면 저처럼 커피 전문점 텀블러 대신 500ml 대용량 텀블러를 이용하면 매장 상관없이 커피 사이즈 문제가 대부분 해결됩니다.

만약 가격 비교를 해서 오히려 타 브랜드 텀블러 사용이 손해라면 종이컵 대신 해당 전문점 머그컵을 이용해보는 건 어떨까요? 할인 혜택은 없지만 환경 보호에 보탬을 할 수 있으니까요. 작은 행동 하나로 음료값 할인도 받고 환경 보호도 할 수 있습니다.

4

아름다운 재테크, 기부

아직 돈의 여유가 없다면 기부와 후원은 전혀 생각하지 못한 부분일 수 있습니다. 매달 적금 넣을 돈도 만들기 쉽지 않으니, 나중에 경제적으로 좀 더 여유가 생기고 안정되면 그때 시작하겠다는 분들이 많아요. 그런데 생각해보면 기부는 재테크와 비슷한 것 같아요. 소액이라도 실천하는 것과 하지 않는 것은 차이가 엄청나거든요. 적은 액수로도 얼마든지 시작할 수 있다는 것도 비슷하고요.

사실 저도 첫 발을 떼기는 엄청 힘들었어요. 근데 막상 소액 기부를 하고 나니 더 알차게 하루를 살아야겠다는 마음이 들었습니다. '기부하느라 정작 나한테 필요한 걸 못 하지 않을까?' 그런 생각을 했었는데, 오히려 마음 한구석이 든든하고 스스로 단단해지는 느낌을 받았거든요. 금액과 크기는 중요한 것 같지 않아요. 재테크든 기부든 작게 '시작'했다는 것만으로도 이미 충분해요.

백 번 다짐보다
한 번 실천하는 자세

기부는 우리 주변에서 쉽게 할 수 있습니다. 사랑의 열매, 구세군 등 학창시절 때부터 기부 운동에 한 번쯤은 참여한 기억이 있을 거예요. 요즘 크리스마스 씰은 정말 예쁘게 나오더라고요. 제 주변에는 헌혈을 꾸준히 하는 지인도 있습니다. 이외에도 유니세프, 굿네이버스, 월드비전, 세이브더칠드런 등 여러 후원 단체가 도움의 손길을 기다리고 있어요. 각 기부 및 후원 단체마다 기부 방법이나 금액이 다르므로 각 단체의 홈페이지를 참고하여 관심 가는 곳부터 후원을 시작하면 돼요.

후원하는 방법도 다양해요. 일회성 후원도 있고, 단기·정기 후원도 있죠. 정기 후원은 카드 결제가 가능한 단체도 있어서 처음 정기 후원을 신청할 때 카드 번호를 입력하면 매달 자동이체가 됩니다. 또 지정 기부금 단체로 등록되어 있는 곳에 기부한 금액은 연말정산을 할 때 세액 공제 대상이 된답니다. 간혹 후원 단체에 따라 체크카드 결제는 세액 공제가 안 되는 경우도 있으니 해당 기관에 문의해보세요.

후원하고 싶은 마음은 간절하지만 여건이 되지 않는다면 일상에서 거의 매일 접하는 포털 사이트를 통해서도 가능해요. 네이버에는 해피빈이라는 온라인 기부채널이 있습니다. 네이버 블로그나 카페에 글을 쓰면 콩을 적립해주는데, 이 콩을 모아 동물, 환경 등에 기부할 수 있죠. 또한 걷는 만큼 쌓이는 포인트를 모아서 기부할 수 있는 빅워크, 렛츠워크 어플도 있어요. 걸으면서 건강도 챙기고 기부도 할 수 있죠.

기부, 후원을 혼자 하는 게 부담된다면 지인들과 함께해도 좋습니다. 저는 예전에 한 모임에서 멤버들이 지각을 하면 소액의 벌금을 모아 회식비로 쓰곤 했는데, 뜻 깊은 일을 해보자는 멤버들의 좋은 의견으로 매달 해외아동에게 후원했던 적이 있어요. 여러 지인들과 함께하니 더 큰 보람과 기쁨을 느꼈습니다.

후원을 하지 않고 그 돈으로 맛있는 음식을 사 먹을 수도 있고 재미있는 영화를 볼 수도 있어요. 나만을 위한 소비도 중요하지만 도움을 필요로 하는 곳에 하는 기부 역시 소비 못지않게 큰 행복을 줍니다.

🖥 **기부 관련 사이트**
- 유니세프 한국위원회 : www.unicef.or.kr
- 굿네이버스 : www.goodneighbors.kr
- 월드비전 : www.worldvision.or.kr
- 세이브더칠드런 : www.sc.or.kr
- 해피빈 : happybean.naver.com

5

자기계발에는
아낌없이 투자하자

"학교 다닐 때 많은 것을 배우고 경험하세요. 돈을 모으기보다는 그 돈으로 본인에게 투자하여 몸값을 높이는 것이 중요합니다."

학창시절에 많이 들었던 말 중 가장 많이 들어본 말일 거예요. 이런 말 때문이었을까요? 가지고 있는 돈을 아낌없이 쓰는 친구들이 많습니다. 본인을 위한 투자라는 변명을 하며 내적인 성장보다 외면 가꾸기에 공들이고 남의 눈에 어떻게 보이는지 신경 쓰죠. 저도 이러한 과정을 겪었고, 몇 번의 실패를 겪으며 제 가치를 높이는 방법이 잘못되었음을 깨달았습니다.

겉으로 보이는 것보다 내면을 꾸준히 다지는 데 집중한다면 처음에는 상대적으로 느려 보여도 시간이 지날수록 점점 격차가 생긴다는 걸 경험하게 될 거예요. 저도 뒤늦게 내적 성장에 힘쓰고 있지만, 가끔 친한 동생들이 이런 고민을 하면 외면보다 내면을 가꾸는 데 돈을 쓰라는 말을 꼭 해줍니다. 일상생활 속에서 내면을 가꿀 수 있는 방법은 많아요.

지금 당장
시작하자

자기계발도 재테크와 똑같아요. 남들이 한다고 해서 무작정 따라 하기보다는 뚜렷한 목표를 가지는 것이 필요합니다. 자기계발은 시간을 비롯해 비용, 체력까지 소모되는 일종의 원금 보장 없는 투자인 만큼 계획 없이 시작하는 것은 권하지 않아요. 아직 어떤 식으로 자기계발을 해야 할지 정하지 못했다면 평소 해보고 싶었던 것부터 시작해보세요. 하고 싶은 게 없다면 롤 모델의 자서전이나 성공한 사람들의 강의를 찾아보는 것도 큰 도움이 됩니다. 요즘에는 인터넷 강의, '테드□□□', '세상을 바꾸는 시간, 15분' 등 온라인으로 볼 수 있는 좋은 강연들이 너무나 많습니다.

몸을 움직이는 걸 하고 싶다면 원데이 클래스로 캘리그라피, 수제 도장 만들기, 팝 아트 초상화 그리기 등 경험성 자기계발을 해도 좋습니다. 온라인으로 신청하면 준비물 키트까지 배송해줘서 편안한 시간에 영상을 보면서 취미 겸 자기계발을 할 수 있습니다.

하지만 자기계발도 돈 관리처럼 꾸준히 해야 결과물이 나오기 때문에 많은 사람들이 얼마 못 가 쉽게 포기합니다. 그래서 목표 달성률이 상당히 낮아요. 어떤 일이든 계획만큼이나 중요한 것이 실천이죠. 요령이나 방법을 고민하기보다는 우선 자기 자신을 컨트롤하는 것이 가장 중요합니다.

혼자 힘들다면
자기계발 모임으로

─────────── 자기계발을 위해 관심사가 비슷한 사람들끼리 스터디, 모임을 진행하는 일이 많은데, 대외 활동이나 공모전처럼 새로운 사람들을 만나 각양각색 이야기를 들을 수 있는 기회도 돼요. 그중 제가 진행하고 있는 자기계발 모임을 소개하고자 해요.

첫째, 하루 일정 프로젝트입니다. 급하지는 않지만 중요한 목표, 일정을 하루에 세 가지씩 정해 스스로 실천하고 피드백을 합니다. 올해 또는 몇 년 후 이루고 싶은 꿈을 달성하기 위해 오늘 본인이 해야 할 액션을 정해서 하루 동안 실행하는 미션이죠. 이 과정을 통해 취업에 성공한 분, 다니던 회사를 퇴사하고 1인 기업으로 활동하고 있는 분, 워킹맘으로서 가정뿐 아니라 본인만의 시간을 가지며 성장하는 분, 새로운 아이템을 만들어 창업하는 분 등 함께 성장하고 있습니다.

둘째, 독서 마라톤 프로젝트입니다. 책 읽기가 어렵거나 특정 분야만 편식해서 독서하며 갈증을 느꼈다면 집중해주세요. 5년 넘게 오프라인 독서모임을 운영하면서 읽기는 물론 서평 작성 미션으로 글쓰기

능력, 매달 1번 독서모임을 통해 말하기 스킬까지 얻을 수 있어요. 특히 지정 도서와 각자 읽고 싶은 책을 정해 독서한 부분도 공유하며 놓쳤던 내용도 다시 돌아보고 실생활에 적용할 수 있는 사고를 키워줍니다.

셋째, 매일 가계부 프로젝트입니다. 함께 매일 소비계획과 가계부를 쓰며 습관을 만드는 과정 속에서 필요 및 가치 소비를 찾을 수 있도록 도와줍니다. 텀블러 사용하기, 집밥 먹기, 미니멀라이프, 해피빈 기부하기 등 동사형 재테크 미션을 통해 매일 살아있는 재테크를 공유합니다. 돈 관리뿐 아니라 꿈 목록을 이루기 위해 일주일마다 해빗트래커로 체크하면서 작은 성공을 함께하고 있습니다.

넷째, 경제 팟캐스트 프로젝트입니다. 경제 신문 읽기가 부담스럽다면 하루 30분, 경제 팟캐스트를 들으면서 기억에 남는 내용을 인증하고 공유합니다. 혼자 들을 때는 강제성이 없어서 흐지부지되는 경우가 많은데요. 함께하면 약간의 강제성이 생겨서 의식적으로 챙겨 듣고, 실생활에서 필요한 경제, 금융 상식도 늘어나고 경제 신문 기사를 읽을 때도 큰 도움이 됩니다. 하루 3개 정도 경제 및 금융 에피소드를 다루기에 지루하지 않고 멤버끼리 느낀 부분을 공유하면서 더 넓은 시야를 가질 수 있습니다.

이외에도 아침 기상, 1일 1포스팅 프로젝트도 진행하면서 매일 성장할 수 있게 돕고 있습니다. 제가 운영하는 네이버 카페에서 한 달 단위로 운영하므로 부담 없이 도전해볼 수 있어요.

조금 더 어렸을 때부터 나의 마인드를 가다듬을 수 있는 곳에 시간과 돈을 투자했다면 얼마나 좋았을까 하는 아쉬움이 남지만 "늦었다고 생각했을 때가 가장 빠를 때"라는 격언을 떠올리며 매 순간 즐기면서 재미있게 하고 있습니다. 다양하게 참여할 수 있는 프로그램이 오프라인, 온라인에 많아져 신청이 쉬워졌습니다. 아니면 저처럼 직접 만드는 방법도 있어요. 뭐든 지금 당장 시작해보세요.

투자와 사치는
한 끗 차이

―――――――――― 간혹 자기계발을 할 때 투자로 시작했다가 사치로 끝나는 경우가 있습니다. 예를 들어, 어학 자격증 공부를 위해 비싼 돈을 투자하여 일단 학원 등록하지만 1~2주 반짝 공부하고 한두 번 빠지기 시작하다가 결국 학원을 그만둡니다. 누군가는 다이어트를 위해 헬스장 1년 회원권을 끊었지만, 이런저런 핑계를 대면서 결국 나간 날보다 안 나간 날이 훨씬 더 많아져버려요.

이렇게 매번 열정으로 시작하지만, 꾸준히 끝까지 하기가 쉽지 않다는 걸 깨닫죠. 그러니 이제부터는 꼼꼼하게 따져서 시작해봅시다. 무조건 결제부터 하지 말고, 내가 이걸 진짜로 하고 싶은지 원하는지 충분히 고민해보고 결제해도 늦지 않아요. 자기계발이 가치 있는 투자가 될지 잠깐의 사치로 끝날지는 본인의 행동에 따라 좌우되는 것입니다.

만만찮은 비용 때문에 자기계발과 재테크 둘 다 잡기는 무리가 있다고 생각되나요? 저는 자기계발에 들어가는 비용은 아낌없이 투자

하되 쓸데없는 소비는 최대한 줄여 저축하는 습관을 기르자는 목표를 가지고 두 가지 모두 소홀하지 않도록 노력하고 있어요. 소비에도 우선순위를 정해 내가 절약할 수 있는 부분이 무엇인지 생각해보는 건 어떨까요?

─────────── 여행은 상황이 허락하는 한 최대한 많이 가보는 것이 좋다고 하죠. 학생 때는 경비 부담 때문에 못 가고, 사회생활을 하니 휴가를 제외하고는 마음 편히 여행하기 힘들고 여러모로 상황이 여의치 않은 경우가 많으니까요. 하지만 시간 여유가 많다고 해서 쉽게 여행을 떠날 수 있는 것은 또 아니죠. 경비 부담은 여전히 크니까요. 이런 경우 미리 계획을 세워 여행을 위한 통장을 개설해 비용을 조금씩 마련하면 일상에 무리가 가지 않는 선에서 여행 준비를 할 수 있습니다.

해외여행은 환전부터

저는 스무 살 되기 전부터 자유여행을 꼭 다녀오겠다는 목표를 항상 갖고 있었습니다. 그 여행지가 해외라면 더욱더 좋을 것 같았죠. 저뿐 아니라 해외여행을 갈 계획이 있다면 수중의 돈을 아껴 저축하거나 틈틈이 아르바이트와 부수입을 통해 여행비용을 마련합니다. 그리고 조금만 부지런하면 여행을 준비하면서도 여러 가지 소소한 재테크를 할 수 있습니다. 그중 하나가 환전이에요.

환전할 때 대부분 가까운 은행에 가서 환전을 하죠. 아니면 계속 미루고 미루다가 출국날 공항에서 급하게 환전을 하는 경우도 많고요. 하지만 환전만 잘해도 여행지에서 밥 한 끼를 공짜로 먹을 수 있다는 사실, 아셨나요?

우선 환전을 하기 위해서는 환전 수수료를 내야 합니다. 이 환전 수수료는 외국 돈을 바꿔주는 은행에 주는 돈으로, '현찰 살 때'에서 '매매 기준율'을 뺀 금액을 말합니다. 즉, 1유로당 26.47원을 은행에 수수료로 내는 거예요.

유료화 환율표 예시

현재가	1,330.49 ▲8.18+0.62%		송금	보낼 때	1,343.79
				받을 때	1,317.19
현찰	살 때	1,356.96	T/C	살 때	1,350.44
	팔 때	1,304.02	외화 수표	팔 때	1,316.51

• 1,356.96원(현찰 살 때) - 1,330.49원(매매 기준율) = 26.47원(환전 수수료)

일반적으로 말하는 80% 환율 우대를 해준다는 것은 은행에 지불하는 환전 수수료에서 80%를 할인해준다는 것입니다. 즉, 우리가 부담해야 할 수수료는 20%인 셈이죠. 환전하러 갈 때 가장 많이 이용하는 방법이 환율 우대를 이용하는 것입니다. 보통 주거래 은행에서 환전할 것을 권하지만 저는 상황에 따라 주로 거래하는 은행이 아닌 다른 은행을 방문하기도 합니다. 나의 주거래 은행의 환전 수수료가 높을 수도 있기 때문에 여러 은행의 홈페이지에 들어가서 환율 우대 이벤트가 있는지 살펴보고 환전을 합니다.

환전할 은행을 선택하는 가장 쉬운 방법은 다른 은행보다 고시 환율이 싸고 환율 우대를 많이 해주는 곳을 찾아가는 것입니다. 고시 환율은 은행마다 약간씩 달라 인터넷으로 실시간 확인이 가능하지만 매번 조금씩 변합니다. 환전할 금액이 많지 않다면 금액 차이가 크게 나지 않으므로 은행까지 가는 데 드는 왕복 교통비와 시간을 계산해서 꼼꼼하게 비용을 비교해보세요. 또한 은행 방문 전에는 미리 해당 지점에 내가 환전하려고 하는 외화가 있는지 확인할 필요가 있습니다. 간혹 시간을 쪼개 방문했는데 외화 재고가 없어 발길을 돌리는 경우도 있기 때문이죠.

만약 너무 바빠 은행 갈 시간이 나지 않는다면 인터넷으로 환전하는 방법도 있습니다. 보통 80~90% 환율 우대를 받을 수 있습니다. 환전을 신청하고 확인 번호가 문자로 오면 신분증을 들고 미리 지정한 지점에 방문하면 외화를 수령할 수 있어요. 수령 장소를 공항 지점으로도 설정할 수 있기 때문에 출국하는 날 공항에서 외화를 받아도 됩니다. 하지만 인터넷으로 환전했다가 부득이한 사정으로 취소를 할 경우, 다시 돈을 돌려받으려면 며칠 걸리는 게 단점입니다. 또한 그날 환율로 계산되어 입금되므로 신청할 때 신중해야 합니다. 저는 인터넷으로 환전을 신청했다가 사정이 생겨 취소했는데, 일주일 정도 은행에 돈이 묶여 있었던 데다 '현찰 팔 때' 기준으로 환율이 계산되어 1만 원 정도 손해를 본 적이 있어요. 저와 같은 실수를 하지 않도록 신중하게 결정해야 합니다.

그리고 웬만해서는 공항에서 바로 환전하지 않는 것이 좋습니다. 시중 은행보다 환전 수수료가 더 비싸거든요. 시내 은행과 환율 차이도 크게 나므로 공항에 있는 은행은 인터넷으로 환전하고 수령할 때만 이용하는 것을 권합니다.

소소한 혜택도 놓치지 말자

콘센트 모양이 다른 나라로 여행을 갈 때 콘센트 변환 플러그 또는 충전기가 필요한데, 공항 안에 있는 로밍 센터에서 무료로 대여할 수 있습니다.

그리고 학생이라면 국제 학생증 및 국내 학생증을 꼭 가지고 가세요. 국제 학생증은 유럽에서 많이 사용하는 ISIC 카드와 북미에서 많이 사용하는 ISEC 카드, 두 종류가 있고 할인 혜택이 다르므로 본인에게 더 적합한 국제 학생증을 발급받으면 됩니다. 학생증이 있으면 다양한 현장 할인, 항공권·교통 패스 할인, 숙소 할인 등 다양한 혜택을 받을 수 있으며, 특히 유럽에서는 학생증 제시로 학생 요금을 적용받을 수 있는 관광지가 많기 때문에 반드시 챙기는 게 좋아요.

내일로 투어

국내에도 해외 못지않게 가볼 곳이 많습니다. 전 국민 누구나 언제든 떠날 수 있는 '내일로'. KTX, 일반열차 KTX, 산천, ITX 새마을, 새마을호, 누리로, 무궁화호, 통근 열차의 자유석 또는 입석을 정해진 기간 동안 무제한 이용하여 전국을 여행할 수 있는 패스입니다. 유효기간 안에 3일을 직접 선택해서 쓸 수 있는 선택 3일권도 생겨서 더욱더 자유롭게 여행할 수 있는데요. KTX와 일반열차 좌석을 무료로 지정할 수 있고, 이용 시작일 기준 7일 전부터 구매할 수 있습니다.

티켓 가격은 나이에 따라 달라지는데요. 만 29세 이하는 조금 더 저렴하게 내일로 티켓 구매 가능합니다. 이전에는 여름, 겨울에만 사용할 수 있었지만 지금은 연중 운영으로 이용기간이 확대되었어요. 내일로 티켓을 소지하면 관광, 맛집, 숙박 등 할인도 받을 수 있습니다. 또한 발권하는 역에 따라 기념품도 다양하게 제공되므로 국내 여행을 계획 중이라면 꼭 내일로 홈페이지를 들어가 보세요. 계획 세우는 게 어렵다면 내일로 온라인 커뮤니티의 도움을 받아도 좋습니다. 저는 테마를 가지고 여름에 내일로를 이용하여 전국 야구장 투어를 했었고, 겨울에는 전국 벽화 마을 탐방을 했습니다. 단, 내일로 홈페이지와 커뮤니티는 정보가 다양한 만큼 광고, 홍보 게시물도 많으니 글을 선별해서 읽어야 해요.

💻 **열차 여행 정보 관련 사이트**
- 레츠코레일(내일로 소개) : www.letskorail.com
- 바이트레인 : cafe.naver.com/hkct

지하철 스탬프 투어

지하철 스탬프 투어도 빼놓을 수 없는 여행 프로그램 중 하나입니다. 이 중 서울 지하철은 2013년부터 여름에 지하철로 이동하여 서울 명소를 쉽게 방문하는 이벤트를 개최하고 있습니다. 서울이나 서울 근교에 거주하고 있지만 매번 갔던 곳만 가는 사람들, 지방에 살고 있지만 방학을 이용하여 서울을 특색 있게 여행하고자 한다면 추천해요.

참여 방법은 '또타지하철' 어플에서 스탬프 투어 메뉴를 실행합니다. 지하철 1~8호선 구간 안에 공사 전동차 최초 1회 탑승해야 해요. 테마별 세부코스 방문 인증은 GPS 위치 인증 후, 인증 사진 촬영하고 업로드하면 됩니다. 스탬프도 코스에 해당하는 그림이라 예쁘고 소장가치가 있습니다.

이벤트 기간에 미션을 성공하면 선착순으로 기념품을 받을 수도 있습니다. 우리나라에 거주하는 사람이면 누구나 참여 가능합니다. 매년 일정, 코스, 참여 방법이 조금씩 변경되므로 자세한 사항은 각 지역 지하철 또는 도시철도 홈페이지를 참고하세요.

재테크 Q&A

"여행자 보험은 꼭 가입해야 하나요?"

A. 네, 가입하는 게 좋아요! 들뜬 마음으로 여행을 가기 전 반드시 체크해야 할 것이 있어요. 바로 여행자 보험에 가입하는 거예요. 일상에서도 혹시 모르는 만일의 사태에 대비하기 위해 보험을 가입합니다. 하물며 낯선 지역, 나라를 방문하면 위험은 더 커집니다. 저는 유럽 여행 갔을 때 핸드폰 소매치기를 당한 적이 있어요. 속상했지만 한국을 떠나기 전 여행자 보험에 가입하고 왔기에 조금이나마 보상을 받을 수 있어 부담을 줄일 수 있었어요. 그 후 보험 가입은 무조건 합니다. 저는 도난 사고였지만 여행지에서 질병, 상해로 인한 의료비 발생 비중도 높습니다. 해외에서는 우리가 외국인이기에 의료 보험법이 적용되지 않고, 의료비가 비싼 나라도 많아요. 여행자 보험은 해외뿐 아니라 국내 여행을 떠날 때도 가입 가능하므로 꼭 알아보세요.

- 가입 대상 : 성별, 나이 관계없이 모든 여행자 가입 가능
- 가입 일정 : 집 출발부터 집 도착까지(2~90일 : 단기 여행자 보험, 91일~ 1년 : 장기 여행자 보험)
- 가입 금액 : 보상 한도액과 보험 기간에 따라 다름
- 보상받는 항목 : 보험 가입한 일정 중 여행지에서 발생한 사망, 상해, 질병 의료비, 휴대품 도난 및 파손, 배상 책임, 항공기 납치, 항공기 결항, 특별 비용 등
- 보상 금액 : 가입한 보험 보장 한도 및 여행 국가 수준에 따라 다름

여행자 보험의 종류는 보험 회사마다 다양하기 때문에 인터넷으로 몇 군데 알아본 다음 본인에게 적합한 상품에 가입하면 됩니다. 보상받는 항목과 보험 가입 금액을 우선적으로 보세요. 저는 사망, 상해, 질병, 의료비, 휴대폰 도난을 중점으로 둡니다. 보험료가 저렴하다고 안 좋은 것도 아니고 비싸다고 좋은 것도 아닙니다. 출국 직전 공항에서 가입하면 조금 더 비쌀 수 있기에 미리 가입하는 게 좋습니다.

저는 여행 출발일 하루, 이틀 전에 가입하는데, 한번은 깜박 잊고 있다 공항 가는 리무진 안에서 급하게 스마트폰으로 가입한 적도 있어요. 가끔 금융 회사에서 환전 고객, 특정 카드 이용 고객을 대상으로 여행자 보험에 무료로 가입해주는 이벤트를 하기도 합니다. 이벤트로 가입한 보험 중에는 간혹 보상 금액이 터무니없이 낮거나 필요한 보상 항목이 빠져 있을 수 있으므로 내역을 꼼꼼하게 확인해야 합니다.

여행 도중 사고가 발생하여 보험금을 받아야 한다면 해당 항목에 대한 필요 서류가 구비되어야 하므로 여행을 떠나기 전에 약관을 꼭 확인해보세요. 예를 들면, 여행 중 휴대품을 도난당했다면 현지 경찰서에서 도난 신고서를 작성해야 하고 병원에서 치료를 받았다면 진단서와 영수증을 챙겨야 합니다. 보험 약관은 PDF로 휴대폰에 저장하거나 인쇄해서 가지고 가는 것을 권합니다.

—— • 부록 • ——

요니나의
매일 한 장
가계부

• 사용법 •

- 하루를 시작하기 전, 소비계획을 작성하면서 오늘 내가 소비할 항목을 미리 체크합니다.
- 하루를 끝내고 소비한 내역을 작성합니다.
- 소비에 대한 칭찬과 반성도 적으면서 나다운 소비를 점검하세요.

(본 가계부는 저자가 실제 제작 판매 중인 가계부와 양식, 디자인이 다를 수 있습니다.)

일

소비계획   오늘 예산 :   원

□		원	□	원
□		원	□	원

지출

대분류	소분류	브랜드 및 내역	결제 수단	금액
				원
				원
				원
				원
				원
				원
				원
				원
				원
				원
				원
				원
카드 사용액			원	총 지출	원

결제 수단

현금	카드	저축	기타
원	원	원	

칭찬&반성

칭찬
반성

일

소비계획   오늘 예산 :   원

□		원	□		원
□		원	□		원

지출

대분류	소분류	브랜드 및 내역	결제 수단	금액
				원
				원
				원
				원
				원
				원
				원
				원
				원
				원
				원
				원
카드 사용액			원	총 지출	원

결제 수단

현금	카드	저축	기타
원	원	원	

칭찬&반성

칭찬
반성

일

소비계획   오늘 예산 :   원

□		원	□		원
□		원	□		원

지출

대분류	소분류	브랜드 및 내역	결제 수단	금액
				원
				원
				원
				원
				원
				원
				원
				원
				원
				원
				원
				원
카드 사용액			원	총 지출	원

결제 수단

현금	카드	저축	기타
원	원	원	

칭찬&반성

칭찬
반성

일

소비계획   오늘 예산 :   원

□		원	□		원
□		원	□		원

지출

대분류	소분류	브랜드 및 내역	결제 수단	금액
				원
				원
				원
				원
				원
				원
				원
				원
				원
				원
				원
카드 사용액			원	총 지출	원

결제 수단

현금	카드	저축	기타
원	원	원	

칭찬&반성

칭찬
반성

일

소비계획   오늘 예산 :   원

□		원	□		원
□		원	□		원

지출

대분류	소분류	브랜드 및 내역	결제 수단	금액
				원
				원
				원
				원
				원
				원
				원
				원
				원
				원
				원
				원
카드 사용액			원	총 지출	원

결제 수단

현금	카드	저축	기타
원	원	원	

칭찬&반성

칭찬
반성

일

소비계획   오늘 예산 :   원

		원	□		원
□		원	□		원
□		원			원

지출

대분류	소분류	브랜드 및 내역	결제 수단	금액
				원
				원
				원
				원
				원
				원
				원
				원
				원
				원
				원
				원
카드 사용액			원	총 지출	원

결제 수단

현금	카드	저축	기타
원	원	원	

칭찬&반성

칭찬
반성

일

소비계획   오늘 예산 :   원

□		원	□		원
□		원	□		원

지출

대분류	소분류	브랜드 및 내역	결제 수단	금액
				원
				원
				원
				원
				원
				원
				원
				원
				원
				원
				원
				원
카드 사용액			원	총 지출	원

결제 수단

현금	카드	저축	기타
원	원	원	

칭찬&반성

칭찬
반성

일

소비계획   오늘 예산 :   원

□		원	□	원
□		원	□	원

지출

대분류	소분류	브랜드 및 내역	결제 수단	금액
				원
				원
				원
				원
				원
				원
				원
				원
				원
				원
				원
카드 사용액			원	총 지출	원

결제 수단

현금	카드	저축	기타
원	원	원	

칭찬&반성

칭찬
반성

일

소비계획   오늘 예산 :   원

□		원	□		원
□		원	□		원

지출

대분류	소분류	브랜드 및 내역	결제 수단	금액
				원
				원
				원
				원
				원
				원
				원
				원
				원
				원
				원
				원
카드 사용액			원	총 지출	원

결제 수단

현금	카드	저축	기타
원	원	원	

칭찬&반성

칭찬
반성

일

소비계획　　　　　　　　　　　오늘 예산 :　　　　원

□		원	□	원
□		원	□	원

지출

대분류	소분류	브랜드 및 내역	결제 수단	금액
				원
				원
				원
				원
				원
				원
				원
				원
				원
				원
				원
				원
카드 사용액			원	총 지출	원

결제 수단

현금	카드	저축	기타
원	원	원	

칭찬&반성

칭찬
반성